18.-

Nicolas Lindt
Der Asphalt ist nicht die Erde

Das Zürcher Selnauquartier im Wandel der Zeit

CIP-Kurztitelaufnahme der Deutschen Bibliothek

Lindt, Nicolas:
Der Asphalt ist nicht die Erde: Das Zürcher Selnauquartier im Wandel der Zeit / Nicolas Lindt. **Zeichnungen von Christoph Meier.** — Zürich: Rohr, 1984.
ISBN 3-85865-074-9

NE: Meier, Christoph, **Ill.**

Fotos: Roger Huber
Zeichnungen: Christoph Meier

Copyright by
Verlag Hans Rohr Zürich
Nicolas Lindt

Lithos: Busag AG, Zürich
Satz und Druck: Genopress Winterthur
gebunden bei Burkhardt AG, Zürich

ISBN 3-85865-074-9

Zum Geleit

Von Alt-Stadtpräsident Emil Landolt

Je grösser eine Stadt, um so schwieriger ist es für die Bewohner, sich darin heimisch zu fühlen. Sie wohnen meist in Miethäusern und kennen kaum jemanden aus der Nachbarschaft. Wichtig ist deshalb, die Stadt in Quartiere aufzugliedern, die innerhalb der Grossstadt ein Eigenleben führen und in den Quartierbewohnern das Gefühl einer engeren Heimat wachsen lassen.

Gegenüber anderen grossen Schweizerstädten wie Bern und Basel hat die Stadt Zürich in dieser Hinsicht einen gewaltigen Vorteil. Sie hat sich nämlich in zwei Malen, 1893 und 1934, im ganzen 19 umliegende Gemeinden einverleibt. Auch wenn diese einst selbständigen Gemeinden politisch ohne grosse Bedeutung mehr sind und sie zu blossen Quartieren einer Grossstadt degradiert wurden, lebt in ihnen doch noch immer ein Geist des Selbstbewusstseins und der Eigenständigkeit, was sich schon darin äussert, dass sie ihre alten Wappen führen und die dort domizilierten Vereine in ihrer grossen Mehrheit den Namen des früheren Gemeinwesens weiterführen.

Innerhalb der Quartiere, die ihren Namen von ehemaligen Vorortsgemeinden ableiten, gibt es aber noch einige Quartiere, in denen sich ein Quartiergeist entwickelt hat, ohne dass sie einmal eigenen Rechtes gewesen wären, so zum Beispiel Leimbach (ehemals zur Gemeinde Enge gehörend), Industriequartier (Aussersihl), Friesenberg (Wiedikon), Triemli (Albisrieden). Auch das Selnauquartier, in dem der Autor Wohnsitz genommen hat, darf man dazu zählen. Heutzutage allerdings ist hier das Quartierbewusstsein nicht mehr so intensiv wie einst. Die vorliegende Schrift von Nicolas Lindt ist geeignet, bei den Bewohnern die Freude an ihrem Selnau zu stärken oder, wenn noch nicht vorhanden, zu wecken. "Ich bin ein Selnauer" soll wieder ein Begriff werden. Klein ist zwar das Selnau, ein ganz bescheidener "Pufferstaat" zwischen der Enge und der Altstadt, aber mit einem eigenen Bahnhof, der seinen Namen trägt.

Mit diesem Selnauquartier, von dem die Zürcher gar wenig wissen, sollen sie bekannt werden, heute und nicht erst, wenn es aus einem Wohn- zu einem ausgesprochenen Geschäftsviertel geworden ist.

Da kommt nun ein freier Berufsjournalist, lässt sich an einer in der ganzen Stadt Zürich wohl unbekannten Strasse, der Sihlamtsstrasse, nieder, fühlt sich in dieser Umgebung wohl, interessiert sich für seine engere und weitere Nachbarschaft, durchstöbert eingehend die Literatur, schnuppert in den Archiven, versucht im Quartier hinter die Kulissen zu schauen und das Gesehene zu deuten. Dann greift er zur Feder und stellt der dort ansässigen Bevölkerung und einem weiteren Publikum sein geliebtes Selnauquartier vor.

Er fängt an mit der Geschichte des einstigen Klosters Seldenau und verfolgt sie bis zur obrigkeitlichen Aufhebung 1525 im Zusammenhang mit Zwinglis Reformation. Die heimatlos gewordenen Nonnen wurden "pensioniert" und die Gebäude geschleift. Eine ruhige Zeit brach an, bis die Stadt Zürich anfangs der Sechzigerjahre des letzten Jahrhunderts sich das dortige Gelände von der Gemeinde Enge abtreten liess, zum Zwecke, daselbst ein Bezirksgebäude zu erstellen und das Gebiet baulich zu erschliessen. Damals entstand jene geruhsame, kleine Vorstadt mit lauter eher kleinen, aber ansprechenden, aufeinander abgestimmten Wohnhäusern, die bis in die neuesten Zeiten ihren Charakter bewahrten. Heute allerdings nagt die Gegenwart an diesem Idyll, und es beginnen hohe Geschäftshäuser die Zeichen der stillen Vergangenheit zu verdrängen. Noch aber ist die alte Substanz zum grösseren Teil erhalten; noch leben einige Selnauerfamilien dort; neue haben sich angesiedelt; es sind aber auch Büros an Stelle von Wohnungen getreten, jedoch, abgesehen von den Neubauten der "Winterthur-Versicherungen", ohne den Charakter des Quartiers wesentlich zu verändern.

Falsch wäre es, anzunehmen, Nicolas Lindt habe eine Art Inventar oder Lexikon des noch bestehenden Vorstadtgutes aufnehmen wollen. Es geht ihm nicht um eine wissenschaftliche Aufreihung, wie es etwa Aufgabe der Sammlung "Die Kunstdenkmäler der Schweiz" ist; vielmehr möchte er anhand zahlreicher erforschter und erlebter Einzelheiten das Selnau in seiner Gesamtheit skizzieren und den Lesern und Bewohnern Freude an diesem Quartier vermitteln. Quartierchroniken, auch wenn sie – wie die vorliegende – in Form eines Feuilletons geschrieben sind, bilden einen wesentlichen Teil der Quartierpflege, die in einer Grossstadt unbedingt notwendig ist, um den Einwohnern das Gefühl einer engeren Heimat zu geben.

Ich selber bin im Oberen Selnau, im Freigut, aufgewachsen, habe jedoch durch die Lektüre der vorliegenden Schrift viel Neues erfahren, was ich bisher nicht geahnt hatte. (Es ist nicht zu zweifeln, dass es andern Zürchern ähnlich gehen dürfte.) Das bisherige Selnauquartier wird leider nicht so bleiben, wie es sich dem Bewohner und Besucher heute darbietet. Bereits sind neue Baugespanne von 25 Metern Höhe ausgesteckt. Die Stadtplanung unserer Tage plant eben für ein Quartier wie das Selnau "Grösseres" und "Höheres", als es die Städtebauer Mitte des letzten Jahrhunderts vorausahnen konnten.

Hier erweist sich nun die Schrift von Nicolas Lindt nicht allein als Andenken an frühere Zeiten, sondern gleichzeitig als ein Mahnwort, eine Art "memento mori" an die Selnauer und insbesondere die Hausbesitzer im Selnau, die verbliebenen Altliegenschaften nicht einfach verlottern zu lassen, bis nichts mehr anderes übrig bleibt, als sie abzubrechen. Eine solche Mahnung gilt nicht nur für private Eigentümer, aber ebenso oder noch mehr für die Stadtverwaltung.

Der Verfasser hat in seinem umfangreichen Exposé die Aussichten in die Zukunft nicht vergessen. Ausführlich weist er auf geplante Änderungen hin, von denen die Behörden sprechen, so auf die Börse, die vom Bleicherweg auf das ehemalige Tierspitalareal verlegt werden soll, auf die Überbauung des Bahngebietes der Station Selnau und auf ein neues Hochhaus, das der hohe Regierungsrat bewilligt hat. Jedermann mag über diese Pläne, die in der Luft schwirren, seine eigene Meinung vertreten, der

Blick vom "Freigut" der Familie Landolt hinunter ins Selnauquartier.

Autor drängt niemandem seine Meinung auf. Was allerdings mich selber anbetrifft, mache ich kein Hehl daraus, dass ich, zusammen mit dem städtischen Heimatschutz, sehr bedauern würde, sollte der hohe Turm bei der Selnaubrücke Tatsache werden.

Gerade im Hinblick auf die Zukunftspläne betrachte ich es als besonders wichtig und dankenswert, dass der Autor den Selnauer Ist-Zustand in Wort und Bild festgehalten hat, solange dies noch möglich ist. Nicht zuletzt erleichtern wir damit auch später lebenden "Lokalgeschichtsschreibern" ihre Aufgabe!

Emil Landolt

Ich wohne im Selnau, in einem Quartier, das eigentlich gar kein richtiges Quartier ist, denn es gehört zur Altstadt und doch nicht, es gehört zur Enge und doch nicht und dass es sich selber gut genug ist, kann man auch nicht sagen. Das Selnau eindeutig einordnen zu wollen, ist ein schwieriges Unterfangen. Als ich mich anmelden wollte, musste ich ins Quartierbüro vom Kreis 1, für die Postleitzahl – 8002 – ist der Kreis 2 zuständig, die nächstgrössere Tramhaltestelle befindet sich im Kreis 4: Das Selnau liegt mittendrin, zwischendrin, ist Schnitt- und Ausgangspunkt zugleich, von da aus kommt man zu Fuss innert Kürze überall hin und Zürich wird zum überschaubaren Städtchen: In fünf Minuten bin ich – zu Fuss – am Stauffacher, in zehn Minuten am Paradeplatz, in fünfzehn Minuten am Hauptbahnhof und in zwanzig Minuten am See. Das Selnau liegt ideal.

Dennoch führt das Quartier, das offiziell keines ist, ein Schattendasein, wird kaum beachtet, kaum je erwähnt. Bevor ich ins Selnau zog, wusste ich davon nur soviel, dass dort der Bahnhof Selnau liegt, Ausgangs- und Endstation der Sihltal-Zürich-Üetliberg-Bahn. In dieses Quartier zieht man nicht, weil man ins Selnau will, sondern weil es der Zufall so wollte. Inzwischen wohne ich ganz absichtlich da und kenne die Gegend so gut wie meinen Hosensack: ein Vergleich, der auf den ersten Blick durchaus angebracht scheint, denn ganze acht Strassen und Strässchen zählt das Quartier, nicht der Rede wert, so meint der flüchtige Betrachter; schaut man genauer hin, so entdeckt man allerdings eine Vielfalt, die in einem Hosensack niemals Platz finden würde. In dem engen Geviert, kaum dreihundert Meter lang und breit, hat es u. a. ein Arbeitsamt, ein chinesisches Restaurant, eine Obdachlosenherberge, ein Parteisekretariat, ein Männerbad, einen Wassergraben, einen Bahnhof mit Buffet, ein Kriegskommissariat, ein Scharfrichterhaus, eine Synagoge und ein Schlösschen aus dem 18. Jahrhundert.

Im Selnau begegnet man Nationalräten und Nichtstuern, christlichen Sekten und strenggläubigen Juden, Freisinnigen und Anti-Imperialisten, Dirnen und alleinstehenden Männern, Versicherungsexperten und Schlitzohren, Trunkenbolden und Chefbeamten, und dies alles auf engstem Raum beisammen wie nirgends sonst in der Stadt. Insgesamt wohnen, arbeiten, verkehren im Selnau heute zwischen 1000 und 2000 Personen. Wie es dazu kam, wie das Selnau entstanden ist, was es erlebt hat und was ihm noch bevorstehen könnte, davon handelt die folgende Darstellung, die es sich im übrigen nicht nehmen lässt, da und dort auch einige persönlich gefärbte Betrachtungen anzustellen.

Geschrieben wurde dieser Bericht in den Sommermonaten 1983. Sollte er während der kalten Jahreszeit gelesen werden, möge er die Erinnerung wachrufen an einen der schönsten Sommer seit Menschengedenken.

Die Erde

Manches in der Gegenwart wäre besser verständlich, würde man seine Geschichte kennen. Als ich vor drei Jahren ins Selnauquartier zog, verschwendete ich keinen Gedanken daran, wie es hier früher ausgesehen haben könnte. Ich ging durchs Quartier, ohne mir je zu überlegen, dass der Asphalt, auf dem ich ging, nicht der Erdboden ist.

*

Die Zeit, als im Selnau über dem Erdboden nichts als der Himmal stand, liegt weit zurück. Es war im 13. Jahrhundert. Den Schanzengraben, Zürichs alte Stadtgrenze, gab es noch nicht. Die Stadt endete beim Fröschengraben, dort, wo heute die Bahnhofstrasse verläuft. Dahinter begann ein weites Feld, der Talacher. Von der Stadt keine Spur mehr. Ein Rebhügel, eine Wiese, ein paar Bäume: so ungefähr muss es damals ausgesehen haben, das heutige Selnauquartier. Eine ländliche Gegend. In der Ferne sah man Zürichs Kirchtürme, hörte die Glockenschläge. Sonst hörte man nichts. Weiter vorne, schon damals, gab es eine Brücke über die Sihl, die Sihlbrücke. Von der Brücke führte eine Landstrasse zum Selnau und passierte das Gebiet etwa dort, wo heute der 8er fährt. Die heutige Selnaustrasse. Sonst gab es nichts, was das Idyll im Selnau stören konnte.

Das Frauenkloster

Es war im Jahre 1256. Fromme Schwestern aus der Innerschweiz bekamen am Stadtrand von Zürich — im Selnaugebiet — einen Acker und einen Weinberg geschenkt, um daselbst ein Kloster errichten zu lassen. Die Nonnen bekannten sich zum Zisterzienserorden. Die Stätte ihres Wirkens erhielt den Namen Seldenowe: Eine Herberge — eine Selde — auf einer Au.

Das Männerheim

An der Gerechtigkeitsgasse 5, gerade dort, wo früher ein Frauenkloster stand, ist das Wohnheim für alleinstehende Männer, der *"Suneboge"*, ein Werk Pfarrer Siebers. Früher waren Siebers Obdachlose im Bunker am Helvetiaplatz untergebracht, seit 1975 sind sie hier im Selnau, im Gefängnistrakt des ehemaligen Bezirksgerichts untergebracht. Die früheren Zellen sind die Zimmer des Männerheims. Da und dort im Haus sieht man noch Gitterstäbe. Sie dienen heute als Zierde. Auf dem Estrich oben liegen noch ein paar vergessene Zellentüren. Etwa fünfzig, mehrheitlich ältere Männer wohnen hier, einige schon seit mehreren Jahren, andere nur für ein paar Monate. Sie alle, zusammen mit den Betreuern, bilden die "Familie".

Ausschnitt aus der Stadtansicht von Hans Leu dem Älteren ums Jahr 1500; im Hintergrund das Kloster Selnau. (Original Landesmuseum)

Das Männerheim im hinteren Teil des alten Bezirksgebäudes (Seite Flössergasse); im vorderen Teil ist die städtische Amtsvormundschaft.

Etwa sechsmal jährlich wird eine Familienversammlung abgehalten, eine offene Aussprache, wo über anstehende Probleme geredet und beschlossen wird. Die Versammlungen finden jeweils am Sonntagmorgen um sieben Uhr statt. Die "Familie", so erklärt mir einer der Betreuer, soll bei den Männern Mitverantwortung und Gemeinschaftsgefühle wecken. Es wird erwartet, dass sich alle beteiligen. Im übrigen gelten für die Familienmitglieder strenge Hausregeln: Die Haustüre wird ab 23 Uhr 15 geschlossen, wer später kommt, muss draussenbleiben, im ganzen Haus herrscht Alkohol- und Drogenverbot, Damenbesuche sind nicht gestattet.

"Zugegeben, wir leben ziemlich klosterähnlich hier", sagt der Betreuer mit Blick auf die Urkunde an der Wand, welche bezeugt, dass hier einst ein Kloster war. Draussen, auf der Strasse, direkt vor dem Männerheim, stehen des Nachts gelegentlich Dirnen und bieten ihre Dienste an. Es sind die verlorenen Seelen der Klosterfrauen, die noch immer keine Ruhe finden.

Die Sünde

Die Zustände waren unhaltbar geworden. 1514 erliessen die Äbte von Kappel und St. Urban als bevollmächtigte Visitatoren des Klosters eine neue Hausordnung, darin es u. a. hiess:

"Die Nonnen sollen sich pünktlich zu den Messen verfügen,

und welche ohne Erlaubnis daraus gehe, an Wasser und Brod gesetzt werden. Die Äbtissin und Priorin sollen bei Tag wie bei Nacht die Nonnen überwachen und diese ihre Zellen vor ihnen nicht riegeln dürfen. Es soll auch keine weltliche Person im Kloster schlafen dürfen, sondern die Gäste in das Gasthaus gewiesen werden, unter Androhung der benannten Strafe und mit dem Befehl an die Kustorin, bei Nacht eine Ampel zu brennen. Die Nonnen sollen keine farbigen Kleider oder weltliche Zierden, wie ausgeschnittene Schuhe u. s. w. tragen dürfen. Das Tanzen im Kloster ist ernstlich untersagt. Keine Nonne soll in fremde Badstuben gehen, und damit dies verhütet werde, das Bad im Kloster stets gewärmt sein. Die Äbtissin soll gut kochen lassen, damit die Frauen die Arbeit aushalten mögen. Die Nonnen sollen der Äbtissin gehorchen und untereinander Friede haben."

Es war ihnen zu gut gegangen, den frommen Frauen im Selnau. Weltliche Damen und Herren, die ihr schlechtes Gewissen loswerden und Gutes tun wollten, hatten das Kloster von allem Anfang an mit Gütern überhäuft, sodass die Besitztümer im besagten Jahre 1514 kaum mehr zu zählen waren. Den ganzen Talacker hatte das Kloster aufgekauft, mehrere Gebäude und Scheunen hatte es im Selnau errichten und eine Mühle bauen lassen, Äcker und Rebberge dazugekauft und ganze Waldpartien im Sihltal hinten. Die Weinschenke des Klosters war ein beliebter Treffpunkt junger Burschen aus der nahen Stadt. Bei den Nonnen im Selnau, so darf man vermuten, ging es lustig zu und her, da war an manchen Abenden der Teufel los! Allerdings kamen die Burschen oftmals erst am andern Morgen in die Stadt

Die Erklärung zu diesem Bild findet sich in einer Ratsurkunde aus dem Jahre 1566: "Der Sihlherr, Hausschreiber Escher und Landvogt Gimpel sollen dem Sammetweber Zanino gegen entsprechenden Zins einen Platz im Selnau anweisen, wo er die aus Italien mitgebrachten Maulbeerbäume einpflanzen kann, um zu sehen, wie sich deren Fruchtbarkeit ergibt."

Zanino, ein Tessiner Evangelist, der im reformierten Zürich Asyl fand, wollte hier die Seidenindustrie einführen und plante zu diesem Zweck im Selnau eine Seidenraupenzucht, was ihm der Zürcher Rat gern bewilligte. Doch Zanino verlor sein ganzes Geld mit Landspekulation in Wiedikon, und 1789 musste ihm der Zürcher

zurück, und es kam so weit, dass die städtischen Behörden den Aufenthalt von Stadtbürgern im Kloster offiziell untersagen mussten. Da jedoch Verbote eine schwindende Moral nicht wiederaufzurichten vermögen, häuften sich die nächtlichen Besuche weiterhin und einmal nahm die Sache ein schlimmes Ende: 1496 — so berichtet die Chronik — *"begingen Heinrich Rahn und Ulrich Lohmann aus Zürich bei Nacht und Nebel einen Unfug im Kloster Seldenau und misshandelten die Äbtissin derart, dass sie mit Tod abging".* Die beiden Männer wurden zu einer Busse verurteilt und für zwei Jahre aus Zürich verbannt. Das zuständige Gericht *"warnte"* sie ausserdem vor den Freunden der umgebrachten Frau . . .

Die Reinigung

Der Mann, der 1524 ins Kloster Seldenau kam, verschaffte sich den Zutritt mit der ausdrücklichen Erlaubnis der Behörden: *Huldrych Zwingli, Protestant.* Er kam, um den Frauen Gottes Wort zu predigen, und seine Moralpredigt wirkte.

Ein Teil der Nonnen, *"das Unbiblische des Klosterlebens einsehend",* beschloss, freiwillig das Kloster zu verlassen. Was blieb ihnen anderes übrig, die Reformation war in vollem Gang und wenige Monate später wurden die meisten Klöster der Gegend behördlich geschlossen. Im Selnauer Kloster hatten zuletzt noch 13 Nonnen gelebt. Sie erhielten alle eine reiche Abfindung mit

auf den Weg, eine lebenslängliche Rente von jährlich *"10 Mütt Kernen, 1 Malter Hafer, 10 Eimer Wein, 15 Gulden, fürs erste Jahr 2 Klafter Holz und für je drei Nonnen zusammen ein Schwein."*

Das Kloster mit all seinen Besitztümern wurde verstaatlicht, das gesamte Vermögen kam dem städtischen Spital zugute. Während andere Klöster in Armen- oder Siechenhäuser umfunktioniert wurden, fand das Kloster Selnau keine neue Verwendung. Mehrere Jahre stand es leer, ein Mahnmal aus der Zeit der Hemmungslosigkeit und des Lasters. Es durfte nicht bleiben. 1528 wurde das ganze Kloster geschleift; nur das ehemalige Wohnhaus und einige Scheunen liess man stehen. Im Selnau draussen wurde es wieder still.

Ein paar Jahrzehnte später gab es Pläne für eine protestantische Kirche, und zwar ausgerechnet an der Stelle, wo das Kloster gestanden hatte. Aber die Kirche wurde nie gebaut. Dort, wo einst das Kirchlein des Klosters stand, steht dafür heute ein Findling, ein massiger protestantischer Felsblock, eine späte Denkmalsetzung zu Ehren der neuen, gottgefälligen Moral.

Fortsetzung von S. 13: Rat schliesslich die Anweisung erteilen, "die Mulbeeri böum im Selnouw wieder usszegraben."

Das Bild stammt von Franz Hegi (1774–1850).

Aber obwohl es die weitaus bekannteste Abbildung des Selnauer Klosters ist, stimmt sie nicht. Als nämlich Zanino 1566 den Platz im Selnau bekam, stand das Kloster schon lange nicht mehr. Was veranlasste den Künstler, das verfemte Haus wiederauferstehen zu lassen?

Ein Findling des Linthgletschers vor dem alten Bezirksgebäude an der Selnaustrasse.

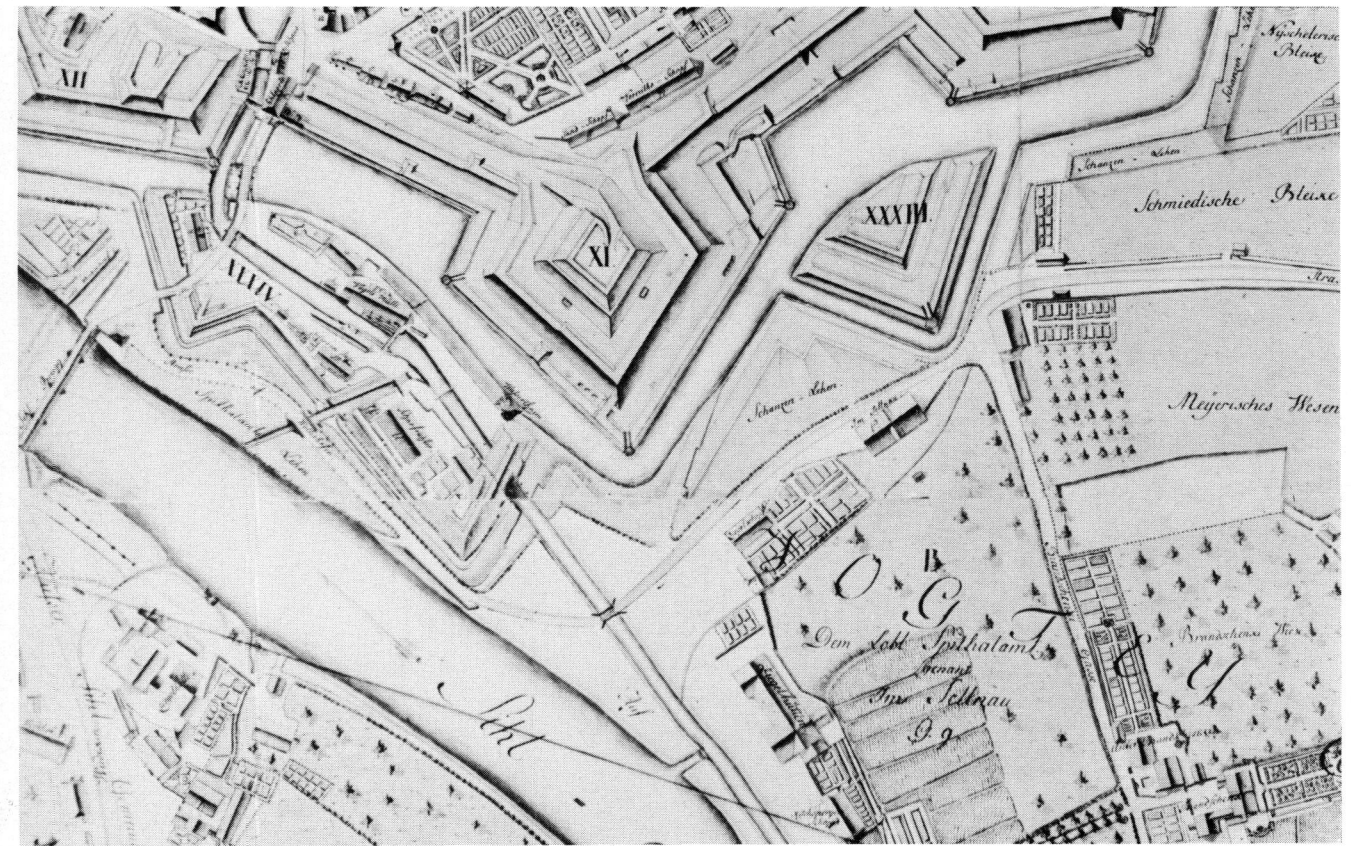

Ausschnitt aus dem Müller'schen Stadtplan vom Jahre 1789; in der oberen Bildhälfte die Schanzen, Zürichs Bollwerk, am oberen Bildrand der Talacker.

Die Verdrängung

Das frühere Wohnhaus des Klosters, Spitalscheune genannt, beherbergte all jene, die man in der Stadt nicht haben wollte. Zunächst — um 1600 — die Pestkranken, dann Flüchtlinge, Obdachlose, Bettler, Landstreicher, allerlei Gesindel. Mehrmals wurde die Spitalscheune von den Stadtbehörden gesäubert, geschlossen, wiedereröffnet. Es war ein schleichender Zerfall und es waren nicht nur die Gebäulichkeiten, die da verwahrlosten, es zerfiel auch die Erinnerung an die reiche, lebendige Vergangenheit des Selnaus, die Erinnerung an die Zeit, als das Kloster noch bestand. Der einzige nennenswerte Neubau war die Errichtung der städtischen Ziegelhütte, dort, wo heute das Arbeitsamt steht. Das war alles. Es gab ein Landhaus, die *Untere Brandschenke,* aber sonst war das Selnau so gut wie unbewohnt.

Als Zürich 1642 mit dem Bau des Schanzengrabens begann, wurde die Gegend zusammen mit dem Dorf *Enge* von der Stadt völlig abgeschnitten. Formell hatte das Selnau schon lange zur Enge gehört; durch den Bau des Stadtgrabens wurde diese Zugehörigkeit noch deutlicher. Das Selnau wurde Provinz. Der einzige Zugang zur Stadt war die Sihlporte. Der Talacker, einst im Besitz des Selnauer Klosters, befand sich nun hinter den Stadtmauern und entwickelte sich rasch zu einem neuen Stadtteil. Diesseits des Grabens, im Selnau, schien die Zeit stillzustehen.

War es da nicht naheliegend, den Wohnort des städtischen Henkers vom Talacker in die Selnaugegend zu verlegen? — Be-

wohner des neuen Talackerquartiers hatten sich über ihren ungewöhnlichen Nachbarn beschwert. Es zieme sich nicht, fanden sie, dass ein Scharfrichter mitten in der Stadt wohne. Und so baute man dem Henker und seiner Familie im Jahre 1718 ein neues Haus – diesseits des Stadtgrabens.

Das Henkershaus

Kein Schild, keine Inschrift, nicht der geringste Hinweis erinnert daran, wer in diesem Haus wohnte. Es liegt zwischen Schanzengraben und Sihl, direkt neben dem Hallenbad. Gewiss das älteste Haus in der Gegend, dachte ich jeweils beim Vorbeigehen, aber weiter dachte ich nicht, und das Haus schwieg. Jetzt, wo ich sein Geheimnis kenne, hat es für mich plötzlich einen ganz besonderen Reiz bekommen. Ich betrachte es voller Respekt, so, als würde heute noch ein Henker darin wohnen. Aber der letzte Zürcher Scharfrichter wurde 1834 entlassen, übrigens ohne jede Abfindung. Kurz darauf starb er, aus Gram über die ihm widerfahrene ungerechte Behandlung.

Später entstand auf dem Areal neben dem Henkershaus die *Tierarzneischule*, Zürichs Kantonales Tierspital. Im ehemaligen Henkershaus wohnte der Direktor des Spitals, ausserdem wurden einzelne Räume des Hauses zusammengelegt und für Vorlesungen benutzt. Heute, seit dem Umzug des Tierspitals ins

Das Haus des Henkers, 1718 erbaut. Für eine einzige Familie ist das Haus viel zu gross; es muss noch anderen Zwecken gedient haben.

Irchelquartier, wird das ganze Areal vom *Kantonskriegskommissariat* beansprucht. Das Kriegskommissariat besorgt die persönliche Ausrüstung der Soldaten. Im Henkershaus sind Werkstätten eingerichtet worden.

Der Mann vom Kriegskommissariat, der mir das Henkershaus zeigt, begreift mein Interesse an dem alten Gebäude nicht ganz. Es sei überhaupt nichts Besonderes, meint er, und vielleicht hat er recht. Etwas hilflos suche ich die Wände und Decken nach Besonderheiten ab. Wichtig, erkläre ich dem Beamten, sei eigentlich nicht das Haus, sondern wer einst darin wohnte. Man könnte hier doch ein Henkersmuseum einrichten, schlage ich vor. Der Mann vom Kriegskommissariat schaut mich ungläubig an. Er gibt dem Henkershaus ohnehin keine Zukunft. Der Kanton will auf dem Areal hier die neue Börse bauen. Über das Schicksal des Henkershauses liess der Zürcher Regierungsrat im März 1979 u. a. verlauten: *"Das Gebäude..., ein stattlicher, aber einfacher Barockbau, dessen denkmalpflegerischer Wert eher gering ist, liegt in einer Umgebung, die sich inzwischen stark verändert hat. Sie entspricht daher weder funktionell noch städtebaulich mehr den Voraussetzungen, unter denen das Scharfrichterhaus erstellt und in die vorhandene Umgebung eingefügt worden ist. In der Nachbarschaft eines Hallenbades, eines Elektrizitätswerk-Gebäudes oder auch des Bahnhofs Selnau ist das Haus seiner einstigen Beziehung beraubt und vermag auch kaum zur Geltung zu kommen."*

Wie hätte der Regierungsrat wohl argumentiert, wenn das Henkershaus zum Beispiel ein altes Pfarrhaus gewesen wäre?

Der Gemüsegarten

Käme die Börse, müsste Karl Hofstetters Schwiegermutter ihren Selnauer Gemüsegarten aufgeben. Herr Hofstetter ist der Abwart des Kriegskommissariates, und nachdem unbekannte Täter eine Baracke auf dem Areal angezündet hatten, wurde erstens Stacheldraht gelegt und zweitens wurde direkt vor dem Henkershaus ein Stück Land frei, gerade recht für einen Pflanzblätz, wie ihn Hofstetters Schwiegermutter schon lange suchte. Der Abwart fragte seinen Chef und der Chef sagte warum nicht. "Jetzt kommt sie jedes Wochenende" erzählt mir Karl Hofstetter, "schon den zweiten Sommer." Hofstetter ist selber stolz auf den Garten. Ich sei nicht der erste Bewunderer, meint er, schon oft seien Leute stehengeblieben und hätten sich über den Gemüsegarten mitten in der City gewundert. Gemüsegärten in dieser Gegend sind selten geworden.

Bei meinem Besuch war der Abwart grad am Chriesi günne, denn hinter dem Henkershaus steht auf einer Wiese ein grosser Kirschbaum. Eine Wiese mit einem Chriesibaum an so zentraler Lage, das gibt es auch nur im Selnau. Hofstetter, der mit seiner Familie zuoberst im alten Tierspitalgebäude wohnt, lebt gern hier. "Vor allem am Freitagabend", sagt er, mit einem Seitenblick auf die Beamten des Kriegskommissariats, die vor dem Haus sitzen und in die Mittagssonne blinzeln, "wenn die Herren da ins Wochenende gehen, dann gehört das alles mir." Und er macht eine stolze Handbewegung übers ganze Areal hinweg. Doch dann, als hätte er das Maul zu voll genommen, schränkt er

ein: "... bis die Börse kommt." Da könne man nichts machen: "Die Banken brauchen die Börse und die Banken bringen uns Arbeit und Geld." Einverstanden, aber gibt es nicht auch noch andere Werte im Leben? Zum Beispiel den Gemüsegarten vor dem Haus? – Hofstetter zuckt bedauernd die Schultern. Wenn ich wüsste, antwortet er, wieviel der Quadratmeter Boden hier koste. Irgendetwas müsse hier einfach gebaut werden. Da kann man nichts machen.

Hofstetter führt mich durchs Areal, zeigt mir die selbergezüchteten Rosen, weist auf die grossen, schattenspendenden Bäume hin: "Es sind vierzehn Bäume insgesamt. Die werden alle gefällt, wenn die Börse kommt. *Radibutz, alles weg.*" Das sagt er mehrmals, voller Entschlossenheit, als müsste er sich selber ganz fest davon überzeugen, dass wirklich radibutz alle Bäume weg müssen.

Die Börse

"Die Zürcher Börse ist eine der wichtigsten Börsen der Welt und für den weltweit bekannten Finanz- und Wirtschaftsplatz Zürich von eminenter Bedeutung. Die städtebauliche Lösung soll dieser Tatsache Rechnung tragen." So lautete die Zielsetzung beim Projektwettbewerb für den Börsenneubau im Selnau. Am mei-

Karl Hofstetter, Abwart. Hinter ihm Henkershaus und städtisches Hallenbad.

Ausschnitt aus dem Stadtmodell mit Börsenprojekt (Schaumstoff). Rechts die Sihl, links der Park des Völkerkundemuseums, im Hintergrund das Selnauquartier mit Bahnhof Selnau. (Stadtmodell zu besichtigen an der Oetenbachgasse b. Lindenhof)

sten dieser Zielsetzung — unter 74 eingereichten Vorschlägen — entsprach der Projektentwurf der Generalplaner *Suter & Suter*. Der von ihnen vorgeschlagene Neubau würde hart der Selnauerstrasse entlang gebaut, würde direkt vis-à-vis des heutigen Bahnhofs Selnau anfangen und erst haarscharf vor der Hallenbad-Wiese enden, so haarscharf, dass der Zürcher Stadtrat anlässlich der baupolizeilichen Beurteilung zum Schluss kam, der Schattenwurf des Börsenneubaus wäre "zu stark", so nahe ans Hallenbad heran dürfe nicht gebaut werden.

Dem 5-stöckig geplanten Neubau wäre das Hallenbadgebäude ohnehin nicht gewachsen. Ein rechter Klotz käme da ins Selnauquartier, derart, dass sogar das Preisgericht in seiner Beurteilung fand, der Projektentwurf wirke *"etwas pathetisch"*. Aber der Entwurf gewann den ersten Preis und wurde Ende 1981 der Öffentlichkeit vorgestellt. "Ein markanter Eckpfeiler", lobte Kantonsbaumeister Paul Schatt das Börse-Projekt an der Pressekonferenz.

Der markante Eckpfeiler würde allerdings nur zu 40% aus Börse bestehen, weitere 20% wären für Läden und Restaurants reserviert und die ganzen restlichen 40% für Büros der kantonalen Verwaltung. Auch Wohnungen sind vorgesehen. Die beiden Wohnungen für die Hauswärte. In einem Börsengebäude, meinte Baudirektor Sigrist, wären weitere Wohnungen nicht sinnvoll. Und ein Gemüsegarten, müsste man ergänzen, wäre dann geradezu sinnlos.

Die neue Börse wird über eine direkte öffentliche Verkehrsverbindung zum Hauptbahnhof verfügen, die *SZU-Bahn*, deren unterirdische Verlängerung ab Selnau bis zum HB von den Zürcher Stimmbürgern bereits genehmigt wurde. Der neue — unterirdische — Bahnhof Selnau-Sihlporte käme direkt unterhalb des geplanten Börsengebäudes zu liegen. Bahnhof, Börse, Büros, Einkaufsläden — der ganze Komplex lasse erwarten, *"dass sich dieses Gebiet zu einem Nebenzentrum Selnau und damit zu City-Gebiet im eigentlichen Sinn entwickelt"*, hiess es in der Einleitung zum Projektwettbewerb. "Städtisches Leben" soll im Selnau entstehen, erklärte Kantonsbaumeister Schatt an der Pressekonferenz. Das "städtische Leben", das Zürich dem Selnau in früheren Jahrhunderten vorenthielt, soll dem Quartier jetzt doppelt und dreifach vergolten werden. Die Börse ist nicht das erste grössere City-Projekt im Selnau. Seit dem Abbruch des Klosters ist Zürichs Mentalität stets dieselbe geblieben: Was für das Selnau gut ist, hat die Stadt schon immer besser gewusst.

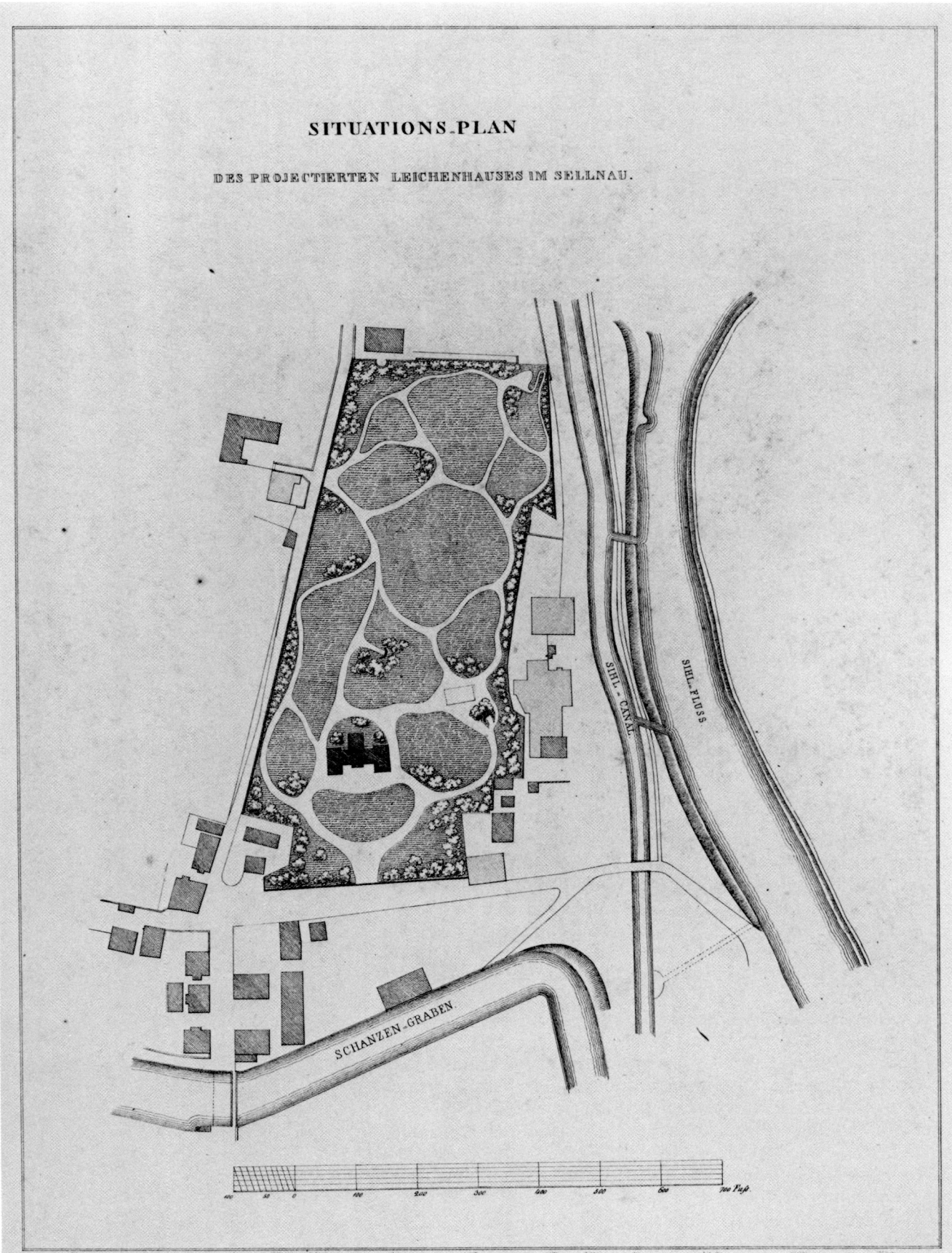

Der Friedhof

Die Mitte des 19. Jahrhunderts. Zürich schickte sich an, eine kleine Weltstadt zu werden. Die Bodenpreise stiegen. Unbebautes Land in der Innenstadt wurde immer gefragter, immer neue Grünflächen wurden überbaut. Aber die Einwohnerzahl nahm weiter zu, und die alten Stadtmauern vermochten das rasche Wachstum der Stadt kaum noch zu begrenzen: Zürich brauchte mehr Platz.

Ein ungelöstes Problem waren die Friedhöfe. Damals waren die Friedhöfe noch Sache der Kirchgemeinden, und so hatte praktisch jede Kirche ihren Friedhof. Mitten in der Stadt gab es gleich mehrere Friedhöfe, eingekreist von dichtgedrängten Häuserreihen, umgeben von städtischer Geschäftstüchtigkeit, völlig überfüllt: Von Respekt den Toten gegenüber konnte keine Rede mehr sein. Aber auch die Lebenden hatten zu klagen, denn die überfüllten Friedhöfe waren kein schöner Anblick, und manche müssen im Sommer ekelerregende Modergerüche verbreitet haben.

Angesehene Bürger der Stadt wollten diesen Zustand nicht länger andauern lassen. Selbstkritisch formulierten sie in einer 1841 veröffentlichten Schrift: *"Es ist wahr, unser reformierter Kultus ist am wenigsten geeignet, das sichbare Band zwischen uns und unseren Heimgegangenen zu erhalten. Jede der übrigen christlichen Kirchen und Konfessionen tut hierin mehr, unterhält inniger die Gemeinschaft zwischen ihnen und den Zurückgebliebenen."*

Die Schrift endet mit dem Vorschlag, baldmöglichst eine grosse, gesamtstädtische Friedhofanlage mit Leichenhalle und Abdankungskapelle zu erbauen, um den herrschenden Übelständen Abhilfe zu schaffen — wohl nicht zuletzt auch in der Absicht, zusätzlichen Boden in der Innenstadt zu gewinnen. Der Vorschlag stiess auf breite Zustimmung, aber an der Frage des Standorts schieden sich die Meinungen. Da erinnerte man sich an ein Areal ausserhalb der Stadtmauern, das zum grossen Teil bereits der Stadt gehörte und noch weitgehend unbebaut war: das Selnau. *"Unter den wenigen geeigneten Plätzen verdient die Selnau weitaus den Vorzug"*, hiess es in einem Gutachten, das die Behörden damals veranlasst hatten. Das städtische Areal im Selnau sei allein *"doppelt so gross wie alle sieben von der Stadt benützten Friedhöfe zusammengenommen."* Und *"obschon ausserhalb der Stadt gelegen, ist dieser Platz doch in der geringst möglichen Entfernung vom Zentrum und an einem ganz ruhigen stillen Orte, wo keine besondere Vermehrung von Gebäuden abzusehen ist".*

Das einzige, noch zu lösende Problem schien der Zugang zum Selnau. Eine Brücke über den Schanzengraben gab es nicht, und der Umweg über die Sihlporte konnte den Leichenzügen auch nicht unbedingt zugemutet werden. Doch da wurde von privater Hand ein schmaler, behelfsmässiger Steg über den Schanzengraben gebaut, der sofort rege benützt wurde — und damit den praktischen Beweis erbrachte, dass eine Brücke ins Selnau hinüber ohnehin notwendig war.

Es bestand kein Zweifel mehr: dasselbe Selnau, von dem die Stadt jahrhundertelang nichts wissen wollte, war auf einmal entdeckt, *wiederentdeckt* worden. In der ganzen Umgebung der

Zeichnung des vorgeschlagenen Friedhofs im Selnau (aus der Schrift "Sollen wir einen gemeinsamen Kirchhof wünschen?", erschienen bei Orell Füssli & Co., 1841)

Stadt, so schwärmten die Befürworter des Friedhofs, gebe es keine stillere, keine schönere Gegend als eben das Selnau: *"Hier werden einst ungestört die Hinterlassenen zwischen den Gräbern wandeln und an denselben verweilen können. Ein freundlich ansprechender Garten nimmt den Eintretenden auf und stimmt wohltuend sein Gemüth zu ernsterer Betrachtung. Ja, auch der fremde Wanderer wird gern diesen Ort beschauen und die Stadt ehren, deren Bewohner ihren Verstorbenen eine solche Ruhestatt mit Liebe und Aufopferung bereitet haben."*

Der Friedhof Selnau. Anstelle der Lebenden sollten nun die Toten im Selnau einkehren, seine ländliche Ruhe würde zur Grabesruhe, und abends, wenn jeweils die letzten Besucher den Friedhof verlassen hätten, würde hier *Totenstille* herrschen. Hatte das Selnau ein solches Schicksal verdient? — Die Stadt wollte es so. Es war nicht nur Zufall, dass auf dem Boden des ehemaligen Klosters ein protestantischer Friedhof projektiert wurde. Der Plan einer protestantischen Kirche im Selnau war seinerzeit gescheitert; stattdessen sollte es nun ein Friedhof sein. Doch merkwürdigerweise gelangte auch das Friedhofprojekt nie zur Ausführung. Man munkelt heute noch, die im Selnauer Boden begrabenen Klosterfrauen hätten es verhindert: Aus plötzlicher Furcht vor ihrem Unwillen sei das Projekt aufgegeben worden.

Das Quartier

Im Jahre 1854, als in der Stadt Zürich bereits heftig über die Erweiterung des Hauptbahnhofs disputiert wurde, war es draussen im Selnau noch immer ländlich und still. Die Gebäude, die es gab, konnte man fast an einer Hand abzählen: Die städtische Ziegelhütte, das städtische Holzlager, das ehemalige Henkershaus und die neu erstellte Tierarzneischule, einige Wohnhäuser. Und sonst? – Ein Weg, ein Bach, ein Rebhügel, eine Wiese und ein paar Obstbäume. Wenn ein Zürcher damals sagte: Ich gehe ins Selnau, dann meinte er damit: Ich gehe aufs Land.

Es war wieder fast wie seinerzeit im 13. Jahrhundert, in den Jahren, bevor das Kloster gebaut wurde: Das Selnau stand zur freien Verfügung. Die Zeit konnte ein Zeichen setzen. Doch diesmal sollte kein neues Kloster entstehen, auch kein Friedhof, sondern etwas ganz anderes.

Es begann damit, dass die Selnaubrücke gebaut wurde. Das war 1854, und eben deshalb ist dieses Jahr für das Selnau von Bedeutung. Nach einem Unterbruch von über 200 Jahren gab es nun wieder eine direkte Verbindung zur Stadt. Anders gesagt: Die aufstrebende Stadt hatte nun direkten Zugang zum Selnau, denn das Gebiet war interessant, vielversprechend, für einen Friedhof viel zu schade. Zürich hatte bereits neue Pläne. Aber da war ein weiteres Hindernis zu überwinden: Die Selnaugegend gehörte politisch nach wie vor zur Gemeinde Enge, die damals noch selbständig war. Die Stadt stellte der Enge deshalb den höflichen Antrag, ihr – der Stadt – das Selnau abzutreten. Der Engemer Gemeiderat war einverstanden, da der Ertrag aus dem Selnau ohnehin ein Geringes sei. In der Gemeindeversammlung jedoch gab es starke Opposition. Man wollte das Selnau nicht ohne weiteres der Stadt überlassen. Nur knapp, mit 38 gegen 32

zu Seite 24/25:
Ausschnitt aus dem Stadtmodell
"Zürich um 1800"
(Massstab 1:500), erstellt 1942.
Im Vordergrund das Selnau, unten rechts das "Freigut", etwas dahinter das Landgut Brandschenke: Folgt man der Brandschenkestrasse Richtung Stadt, gelangt man zu einem Wohnhaus, an dessen Stelle heute die Post Selnau steht.
In der linken Bildhälfte die Sihl, rechts davon der Sihlkanal – "zahme Sihl" – und die städtische Ziegelhütte. Jenseits des Stadtgrabens das Bollwerk zur Katz, heute Park des Völkerkundemuseums.

Das Selnau von der Stadt aus betrachtet. Ganz links das Landgut Brandschenke, weiter rechts das "Freigut", rechts vorne die städtische Ziegelhütte und eine Scheune. (Bild 1819)

Das Selnauquartier im Bau. Die Selnaustrasse (links von der Sihl kommend) ist bereits gepflastert, ebenso die Gerechtigkeitsgasse, die hier in die Selnaustrasse einmündet.

Das alte Haus links im Bild, das direkt vor dem Schanzengraben steht, wurde 1837 erbaut und 1867 bereits wieder abgetragen. Das Haus rechts, 1838 erbaut, stand bis 1940. Im Hintergrund der Turm der St. Peter-Kirche, die vom Selnau aus sichtbar war. (Bild ca. 1860)

Stimmen, wurde die Abtretung des Quartiers gutgeheissen.

Nun war der Weg frei. Das meiste Land im Selnau war ohnehin im Besitz der Stadt, die Bauarbeiten konnten beginnen. Seit dem Bau des Klosters waren ziemlich genau 600 Jahre vergangen, der Selnauer Erdboden wusste längst nicht mehr, wie es ist, wenn man in den Untergrund muss.

Das Zeichen, das die Zeit diesmal im Selnau setzte, war ein *Gerichtsgebäude:* Das Bezirksgericht der Stadt Zürich mit Gefängnistrakt – und in seiner Umgebung ein planmässig angelegtes Stadtquartier. Der kleine Rebhügel wurde kurzerhand abgetragen, die Ziegelhütte abgebrochen, Strassenlinien wurden gezogen, und fast der gesamte Selnauer Erdboden verschwand unter Pflastersteinen und Erdgeschossen, verschwand so gründlich, als wär' er nie dagewesen, als wäre das Selnau schon mitsamt den gepflasterten Strassen auf die Welt gekommen.

Für den Bau des Selnauquartiers wurde eine einheitliche Bauordnung festgelegt, was damals – 1860 – absolut neu war für Zürich. Innert weniger Jahre wurde das ganze Quartier buchbuchstäblich aus dem Boden gestampft. Schlichte Wohnhäuser prägten das neue Bild, darunter nicht wenige, " *deren Äusseres auf Schönheit gewiss nur geringen Anspruch machen kann*", wie es in einer amtlichen Chronik hiess. Aber sie waren zweckmässig, und Zweckmässigkeit hatte in Zürich schon damals erste Priorität.

Das Haus

Das Haus, in dem ich wohne, das Haus *Sihlamtstrasse 17*, ist eines von damals. Eines der letzten. Es ist nie renoviert worden.

Die Bretter unter meinen Füssen sind noch die alten, der Staub in den Ritzen ist der Staub von hundertzwanzig Jahren. Ich verehre dieses Haus, obwohl das Treppengeländer wackelt, die Decke bröckelt, das Dach rinnt. So einfach, so zweckmässig es damals gebaut wurde, so hat es heute doch seine Geschichte, es hat eine Seele, es *lebt,* und wer es abreisst, muss sich bewusst sein, dass er es *tötet.* Das erste derart getötete Haus im Selnau war das Kloster. Die Mauern des Klosters enthielten eine Geschichte, die nicht mehr sein durfte, sie waren Zeugen einer unerwünschten Vergangenheit, sie mussten verschwinden. Die Geschichte des Hauses, in dem ich wohne, ist weniger bedeutsam, kaum bedrohlich für die Nachwelt. Wer sich an diesem Haus vergreift, muss keine Skrupel haben, denn hier gibt es nichts zu zerstören, was von anerkanntem Wert wäre; der Heimatschutz würde grünes Licht geben. Es hat auch nie jemand hier gelebt, der öffentlich aufgefallen wäre. Die Tafel an der Front des Hauses ist keine Gedenktafel, es handelt sich lediglich um ein vergessenes Ladenschild aus dem Jahre 1920.

In den letzten Jahren ist es dem Haus Sihlamtstrasse 17 ähnlich ergangen wie seinerzeit der Spitalscheune, dem ehemaligen Wohnhaus des Klosters: Das Haus wurde nicht abgerissen, aber die Stadt – als Besitzerin – beliess es in seinem baufälligen Zustand, liess die Wohnungen zuletzt sogar leerstehen. Geplant war eine Totalrenovation, aber das Projekt verzögerte sich, und das vernachlässigte, verlassene Haus litt still vor sich hin. Bis einige junge Leute, zusammengeschlossen im "Verein Mieternot", das Haus entdeckten und darin wohnen wollten. Sie wandten sich an die Stadt und nach einigem Drängen sagte die Stadt zu. Im Frühling 1980 bezogen die Mieternot-Leute ihr neues, provisorisches Quartier. Die engen, dürftigen, düsteren Wohnungen wurden wieder bewohnbar gemacht, bewohnbarer denn je – ganze Wände wurden herausgerissen, die Holzbalken freigelegt, die stinkigen Ölfeuerungen durch prächtig verzierte Holzöfen ersetzt, alles wurde frisch gestrichen, aufgehellt, durchblutet: neues Leben erwachte in dem alten, baufälligen Selnauhaus.

Aber unsere Mietverträge sind auf 1 Jahr beschränkt. Seit 1980 wurden sie jeden Frühling um ein weiteres Jahr verlängert. Wann das Haus seinen letzten Frühling erlebt, weiss es nicht. Auch für die Spitalscheune bestand seinerzeit ein Umbauprojekt. Die Stadt – nachdem sie das Haus jahrzehntelang vernachlässigt hatte – wollte ein Lazarett daraus machen. 1754 wurde endlich mit den Bauarbeiten begonnen. 1760 war eine erste Bauetappe beendet. Der Weiterbau verzögerte sich. Eines Nachts, im Jahre 1767, brannte das Haus bis auf die Grundmauern ab. Es mochte so nicht mehr leben. Die letzte sichtbare Erinnerung an das einstige Kloster im Selnau war damit ausgelöscht.

Nach der geplanten Totalrenovation soll unser Haus für Bürozwecke genutzt werden. Das Städtische Arbeitsamt – gleich nebenan – braucht mehr Platz, u. a., so heisst es, für die psychologische Beratung der Arbeitslosen. Vielleicht wird später einmal der eine oder andere von uns ins Selnau zurückkehren, wird sich vielleicht, notgedrungen, unversehens in seiner alten Wohnung wiederfinden: als Arbeitsloser, der sich psychologisch beraten lässt.

Das Haus Sihlamtstrasse 15/17, erbaut 1862.

Die Herkunft

Sihlamtstrasse, wie das Amt an der Sihl, sage ich jeweils am Telefon, aber was für ein Amt, wusste ich nicht. Eines Tages im Winter, als ich im Brockenhaus drüben einen Sack Brennholz bestellte und meine Adresse angab, sagte ein älterer Mann, der neben mir stand: "Sihlamtstrasse? — Früher hätten Sie nicht so weit laufen müssen für Ihr Brennholz." Und dann erzählte er mir, dass sein Vater einst im städtischen Holzdepot im Selnau gearbeitet habe. Dort habe man das Holz direkt beziehen können. Ums Jahr 1900 sei das Holzdepot dann abgebrannt.

Das Holz, erfuhr ich später, stammte aus den städtischen Wäldern im hinteren Sihltal und wurde auf der Sihl nach Zürich geflösst. Beim heutigen Sihlhölzli wurden die Stämme in den Sihlkanal, die "zahme Sihl" umgeleitet, die parallel zur "wilden" Sihl verlief, am Areal des früheren Tierspitals vorbei, wo die Hölzer an Land gezogen, gestapelt, geschnitten, verkauft wurden. Die Flösserei wurde schon zur Zeit des Selnauer Klosters betrieben und war für Zürich eine wichtige Sache, denn Holz war lange Zeit der wichtigste Brennstoff. Das städtische Holzamt wurde *Sihlamt* genannt. Das letzte *Sihlamts*gebäude steht heute noch direkt neben dem Bahnhof Selnau, und ist noch immer ein städtisches Amtsgebäude. Gleich um die Ecke beginnt die *Sihlamts*strasse. *Wie das Amt an der Sihl.* Jetzt wusste ich auch, warum es in der Selnau eine *Holz*gasse und eine *Flösser*gasse gibt. Warum es ausserdem eine *Gerechtigkeits*gasse und eine *Friedens*gasse hat, ist leicht zu erraten: Zwischen den beiden Gassen, inmitten von Frieden und Gerechtigkeit, liegt das alte Bezirksgericht.

Die Sihlamtsstrasse mit dem ersten Bahnhof der Üetlibergbahn (1875 erbaut, 1892 abgetragen). Blick Richtung Üetliberg. (Aus einem Kalender im Jahre 1875)

Die Gerechtigkeitsgasse mit Blick Richtung City. Die meisten Häuser entstanden zwischen 1860–65. Wie damals, sind auch heute noch sehr verschiedene Leute hier anzutreffen. Im oberen Teil der Gasse hat zum Beispiel ein angesehener Rechtsanwalt und Nationalrat sein Büro, wenige Häuser weiter unten eine Dirne ihre Absteige.

Die Zugehörigkeit

Zu den ersten Bewohnern, die 1863 ins neue Quartier zogen, gehörten ein Uhrenfabrikant, ein Zugführer, ein Kunstmaler, Geometer, Möbelvermieter, Bäcker, Heizer, Professor, Sekundarlehrer, Speisewirt, Schuster, Schlosser, Schiffskapitän, Postkommis, Forstmeister, Stadtbaumeister, Glashändler, Gefangenenwärter, Gerichtssubstitut, Mineralwasserfabrikant, Krawattenfabrikant, alt Müller, alt Küfer, alt Gemeindeammann: Das Selnau war wie eine Arche Noah, fast alles war vertreten, auf kleinstem Raum und von keinem zuviel. Daran hat sich bis heute – gemäss Adressverzeichnis – wenig geändert.

Die Vielfalt ergab sich wohl vor allem daraus, dass das Selnau von Anfang an und je länger je mehr mitten zwischen den Quartieren lag: auf der einen Seite die ländliche, später zunehmend städtische, mittelständische Enge, auf der andern Seite das wachsende Proletenviertel in Aussersihl und unmittelbar neben dem Selnau, hinter dem Stadtgraben, die geschäftige City. Von Anfang an war es unmöglich, das Selnau eindeutig einzuordnen. Ein reines Mittelstandsquartier war es nicht, aber ein Arbeiterviertel war es ebensowenig, und daran änderte auch die 1899 erstellte Brückenverbindung nach Aussersihl nicht viel. Im Selnau, diesseits der Sihl, war von der damals entstehenden Arbeiterbewegung eher wenig zu spüren. Nicht einmal bei Demonstrationen wurde das Selnau berücksichtigt, und das ist heute noch so: Die Demonstrationsroute von Aussersihl in die City führt meistens über die Sihlporte. Die steinernen Löwen an der Stauffacherbrücke wurden bis heute nur selten aus ihrer edlen Ruhestellung aufgeschreckt.

Aber obwohl die Arbeiterbewegung einen anderen Weg ging, strömten tagtäglich Hunderte von Arbeitern über die Stauff-

acherbrücke ins Selnauquartier. Sie kamen in Scharen und doch kam jeder für sich allein, denn ihr Ziel war das städtische Arbeitsamt an der Flössergasse. 1918 wurde es eröffnet. Noch heute kommen die Arbeitslosen zum Stempeln ins Selnau. Es sind nicht mehr soviele wie damals, es geht ihnen materiell auch nicht mehr so schlecht wie damals, nicht wenige kommen sogar im eigenen Wagen vorgefahren — und doch gibt es Leute, die, darauf angesprochen, was ihnen im Selnauquartier besonders auffällt, sofort antworten: *Die Arbeitslosen und die Clochards.* In einem Atemzug sagen sie es, als wäre es dasselbe, und leicht abschätzig sagen sie es, als wäre ihnen lieber, es gäbe weder Arbeitslose noch Clochards im Quartier.

Die Fürsorglichkeit

Wer endgültig keine Arbeit mehr fand, musste nur ein Haus weiter, denn vorne an der Selnaustrasse war schon damals das *Fürsorgeamt,* gegenüber war die *Armenpflege,* im gleichen Haus das *Waisenamt,* dort, wo heute bis vor kurzem ein evangelisches *Obdachlosenasyl* untergebracht war; bereits 1916, als das Bezirksgericht nach Aussersihl verlegt wurde, kam auch die *Amtsvormundschaft* ins Quartier; im ehemaligen Gefängnistrakt, dort, wo heute das Männerheim von Pfarrer Sieber ist, wurde ein Heim zur *"vorübergehenden Unterbringung gefährdeter*

In einem Hinterhof der Gerechtigkeitsgasse hat der Innendekorateur Adam Padrutt seine Werkstatt.

schulentlassener Knaben" eingerichtet, weiter oben, an der Gerechtigkeitsgasse, dort, wo heute ein städtisches Männerheim einquartiert ist, gab es ein Heim für *"alleinstehende erwerbende junge Mädchen"*, und zwischen den beiden Heimen, an der Gerechtigkeitsgasse 20, befand sich der *"Bund gegen die Schundliteratur und aller auf dem Gebiete des sittlichen Volkswohls arbeitenden Vereine"*. Wo einst, in vorreformatorischer Zeit, ein Kloster stand, dessen Reichtum zunehmend Anstoss erregte, dessen sittliche Verdorbenheit schliesslich zum Himmel schrie, da regierte nun ein fürsorglicher, sittlicher, arbeitsamer Geist. Im neuen Selnauquartier gab es auch in den 20er- und 30er-Jahren weder aufrührerische Buchhandlungen noch ein ausschweifendes Nachtleben, da gab es eigentlich nichts, was das harmonische Bild empfindlich gestört hätte: Wohnhäuser, Quartierläden, städtische Ämter, Heime, Handwerksbetriebe, eine Giesserei, eine kleine Pianofabrik, ein öffentliches Bad und eine Männerbadeanstalt, ein paar Restaurants, und an den Wochenenden — schon seit 1875 — scharenweise Ausflügler, die mit dem Bähnli auf den Üetliberg fuhren. Eine Kleinstadt mitten in der grossen Stadt, beschaulich, überschaubar, wie eine lebendige Puppenstube.

Das städtische Fürsorgeamt an der Selnaustrasse 17, im alten Sihlamtsgebäude unmittelbar neben dem Bahnhof.

Das Schloss

Um die Hausecken, ein paar Schritte, und ich stehe vor dem Eingang zum Schloss. Das heisst, eigentlich ist es nur ein stattliches Landhaus, aber für mich ist es das Selnauer Schloss: das *Freigut*. Der Schlossherr empfängt mich im Garten — auch er ist eigentlich kein richtiger Schlossherr, ist bloss Bewohner hier, heisst Felix Landolt und ist der Neffe des früheren Stadtpräsidenten. Wie schon sein Onkel ist auch er aufgewachsen hier im "Freigut", das strenggenommen schon zur Enge gehört, aber so unmittelbar ob dem Selnau liegt, dass man es wie selbstverständlich dazu zählt.

Landolt, Jahrgang '28, Weinhändler, holt einen Landwein aus dem Keller. Wir sitzen auf dem Kiesplatz vor dem Haus, direkt unter einem grossen alten Baum, umgeben von einer weitläufigen Parkanlage. "Früher waren hier noch Reben angepflanzt", erzählt Landolt, "aber dann kamen immer mehr Amseln und die frassen alle Trauben weg". Direkt unter dem ehemaligen Rebberg liegt heute der Strassentunnel, der die Enge mit Wiedikon verbindet. Von der Tunnelausfahrt her steigen Lärm und Gestank hoch und die Landolts schlafen nur noch bei geschlossenem Fenster. Auch jetzt, während meines Besuches, ist der Lärm unüberhörbar. Aber wollten wir nicht von früher reden?

Das "Freigut", wie man es vom Selnau aus nicht sieht. Das Selnau fängt erst hinter dem Haus an. Das "Freigut" wurde 1772 für den Zürcher Kaufmann Joh. Heinrich Frey erstellt und befindet sich seit 1884 im Besitz der Familie Landolt.

Die Kindheit

"Früher", erzählt Felix Landolt, "hatte es im Selnau einen Haufen Kinder, die alle ins Schanzengraben-Schulhaus gingen. Die Buben von der Holzgasse stahlen bei uns im Garten immer die Zwetschgen. Mutter sagte uns jeweils, lasst die Buben machen, sie haben nicht einen so grossen Garten wie wir. Heute stiehlt bei uns niemand mehr Zwetschgen."

Früher, erzählt Landolt weiter, wurde er immer ins Selnauquartier zum Einkaufen geschickt. Es gab fast alles, was man so brauchte. Dort, wo heute eine Boutique ist, war früher ein Konsum. Dort, wo heute der Coiffeur Jeano ist, war eine Bäckerei. Dort, wo heute die *Winterthur-Versicherung* ist, war eine Metzgerei. Dort, wo heute die *Winterthur-Versicherung* ist, war ein Gemüseladen. Dort, wo heute die *Winterthur-Versicherung* ist, war früher ein Schuhmacher.

Ecke Flössergasse (rechts)/Brandschenkestrasse. 1963 wurden die Häuser abgerissen; das Bild wurde kurz vor Abbruchbeginn aufgenommen.

*Ecke Flössergasse/Brandschenkestrasse
heute*

Die Schuhmacherei

Gegenüber vom Bahnhof Selnau steht eine Baracke: Die *Schuhmacherei Rex* von Renzo Ballarini. Diesmal frage ich ihn. Ja, sagt er in gebrochenem Deutsch, er habe in der Schuhmacherei an der Flössergasse angefangen, *dort wo heute die Winterthur ist*. Beim Schuhmacher Knoblauch. Als dann die Häuser 1963 abgebrochen wurden, bekam Schuhmacher Knoblauch die Bewilligung für eine Baracke beim Bahnhof. Ballarini, der ehemalige Gehilfe, hat das Geschäft inzwischen übernommen. Es läuft gut, sagt er. Die Kundschaft besteht hauptsächlich aus den SZU-Pendlern. Quartierbewohner kennt Ballarini nur wenige.

Wenn die Börse kommt, müsste der Schuhmacher seine Baracke räumen. Was dann? — Ballarini legt das Werkzeug auf den Tisch, öffnet weit und ratlos die Arme: "Wissen Sie", sagt er, "das ist ein grosses Problem." Er ist kein Mann, der gleich Stellung bezieht. Er ist weder für noch gegen die Börse, aber es ist ein grosses Problem.

Renzo Ballarini, Schuhmacher.

Der Neubau

Es gab schon vorher Veränderungen, vereinzelte Neubauten, Umwandlungen von Wohnraum in Büroraum, aber was 1963 an der Flössergasse geschah, war neu für das Selnau. Eine ganze Häuserzeile wurde geschleift, Dutzende von Wohnungen und Quartierläden – darunter auch die Schuhmacherei – verschwanden. Am 19. 2. 1964 stellte die NZZ fest: *"Bis vor kurzem blieb das Selnauquartier von grösseren baulichen Änderungen verschont. Das hat sich nun geändert: Der Einbruch in den Charakter des noch immer kleinstädtischen Wohngebietes ist radikal."*

Um die alten Häuser sei es nicht schade gewesen, erinnert sich Felix Landolt, sie waren baufällig und standen schief. Es habe auch keinerlei Opposition gegen den Neubau der Winterthur gegeben. "Das war damals nicht so wie heute", sagt Landolt, "damals nahmen wir alles gläubig an, was nach Fortschritt aussah. Natürlich fand man das Gebäude nicht sehr schön, aber man wäre nie auf die Idee gekommen, daran Kritik zu üben, denn Zürich wuchs und wuchs und brauchte Platz. Erst in den Siebziger Jahren begann sich das Bewusstsein zu wandeln. Das Hochhaus des SIA, das wurde bereits kritischer betrachtet. Ich empfand es schon damals als Fremdkörper im Quartier."

Ecke Flössergasse (links)/Gerechtigkeitsgasse: 1963, vor dem Abbruch – und heute.

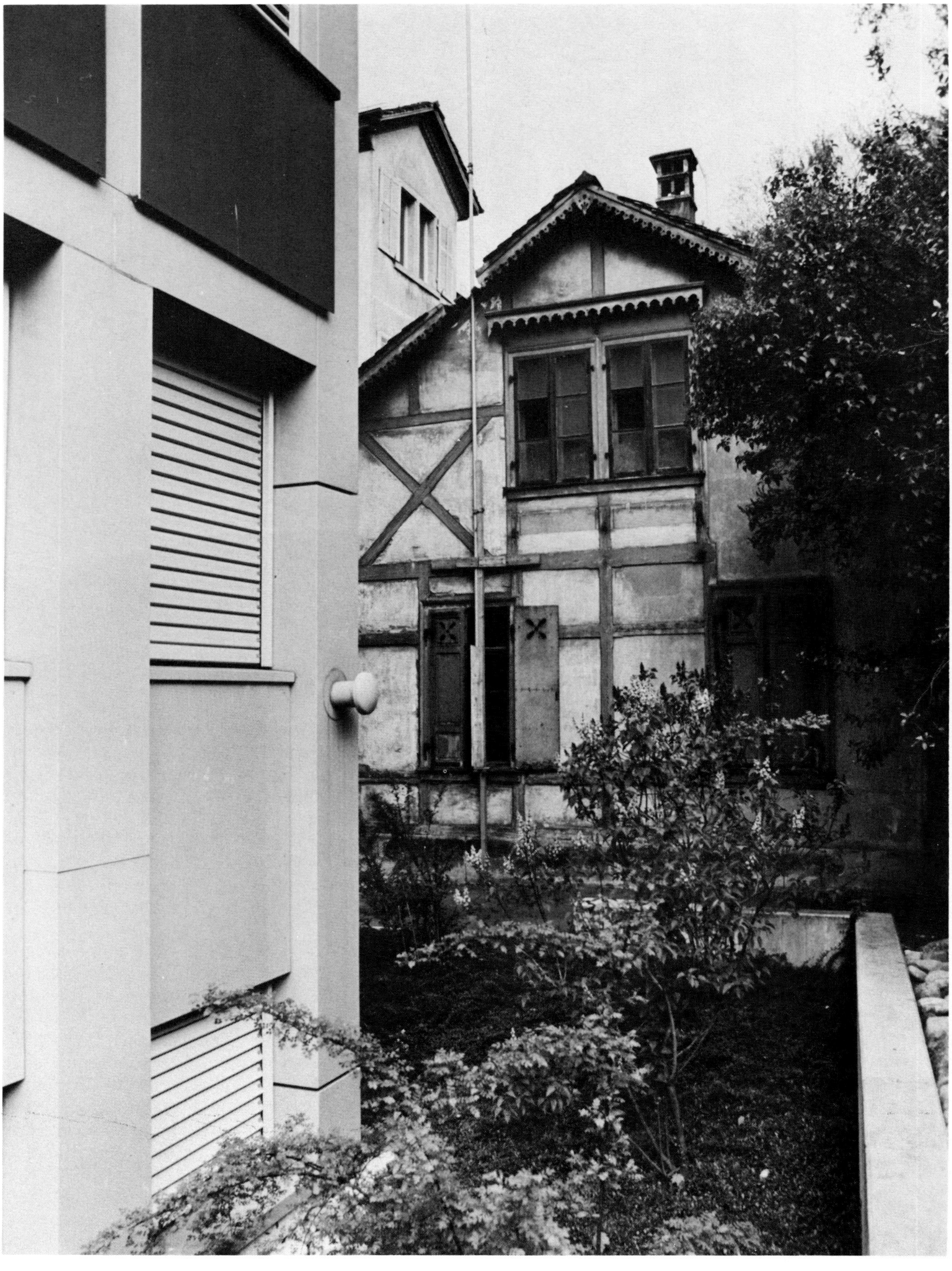

*Zu Seite 40:
Im Hinterhof der Winterthur-Versicherung.*

Das städtische Hochhauskonzept – fast 30 Jahre später: Von den Hochhäusern auf dem Modell sind zwei verwirklicht, eines noch nicht: Rechts das Hochhaus am Schanzengraben, Baujahr 1965; weiter links, auf der Selnauer Seite des Schanzengrabens das SIA-Haus, Baujahr 1970; ganz links vorne, das geplante Hochhaus zur Schanzenbrücke, Baujahr noch unbekannt.

Die Hochhäuser

Von einem elfstöckigen Hochhausprojekt des Schweizerischen Ingenieur- und Architektenvereins SIA im Selnau war schon 1961 die Rede. Hochhäuser waren damals grosse Mode. In den 50er-Jahren war die Idee aufgekommen, Zürich mit einer Reihe von Hochhäusern auszustatten, *"im Bestreben, den flutenden Teppich der 2–3-geschossigen Wohnhäuser durch die Errichtung akzentsetzender Hochhäuser zu markieren und zu gliedern"*, wie es bereits 1952 in einem NZZ-Artikel zu aktuellen Fragen des Städtebaus hiess.

Das *Hochhaus zur Bastei* am Schanzengraben, Mitte der 50er-Jahre gebaut, war das erste seiner Art in Zürich. Die Stadtbehörden entwickelten in der Folge ein *Hochhauskonzept*, das vor allem entlang des Schanzengrabens weitere Hochhäuser vorsah. Gleichzeitig sollte der Schanzengraben durch Grünflächen verschönert und von seinem Schattendasein befreit werden. Hochhäuser, so wurde damals argumentiert, brauchen weniger Platz als die traditionellen Randüberbauungen, deshalb ermöglichen Hochhäuser mehr Grünflächen. Um der Hochhausbauerei eine bessere rechtliche Grundlage zu geben, wurde ein Hochhausparagraph ausgearbeitet, der am 9. April 1956 von den Stimmbürgern des Kantons und der Stadt Zürich mit überwältigendem Mehr angenommen wurde. Die Annahme erfolgte in sämtlichen Stadtkreisen mit ähnlicher Deutlichkeit.

Das zweite Hochhaus, das *Hochhaus am Schanzengraben* –

neben dem alten Schulhaus — wurde 1965 fertiggestellt, drittes Projekt war das SIA-Hochhaus an der Selnaustrasse: Das *Haus zur Technik.*

Der Abbruch

Es waren repräsentable, herrschaftliche Wohnbauten, die beiden Häuser an der Selnaustrasse, und sie trugen einen standesgemässen Namen: *Westend-Terrasse,* so geheissen in Anlehnung an die gleichnamigen Bauten im Londoner Westendviertel. 1870, wenige Jahre nach der Entstehung des Selnauquartiers, waren sie erbaut worden. *"Ein städtebaulicher Beitrag des viktorianischen England an Zürich, das sich in den 1860er-Jahren anschickte, eine kleine Grosstadt zu werden",* lobte einst die NZZ die Bedeutung dieser Häuser. Welche Ehre für das kleinstädtische Selnauquartier!

Das Westend-Haus *18/20,* zunächst in privaten Händen, ging später in den Besitz der Stadt über, das Haus *14/16* gehörte zuletzt der Familie von Meyenburg. *Hans von Meyenburg,* Architekt, war in diesem Haus geboren worden. Jetzt wollte er anstelle seines Geburtshauses ein Hochhaus bauen: Das "Haus zur Technik" des SIA.

"Niemand wollte sich so recht freuen", schrieb wiederum die

Die beiden Westend-Häuser, 1870 erbaut. Das Haus rechts wurde zusammen mit dem Torbogen 1967 abgebrochen. (Bild 1907)

NZZ im September 1967, am Tag des Abbruchs, *"als Hans von Meyenburg, im Garten seines eigenen Hauses stehend, mit einem Raketenknall das Zeichen zu sehr destruktivem Tun gab. Selbst das Zinnengeländer, das darauf mit Geklirr und Getöse vier Stockwerke im freien Fall durchmass, vermochte weder die anwesenden Pressevertreter noch die Bauherrschaft richtig zu erheitern"*. Der Berichterstatter anerkannte durchaus den Sinn des Hausabbruchs, betonte aber: *"Wer solches heute einreisst, muss wissen, dass auf ihm eine grosse Verantwortung lastet, muss damit rechnen, dass man dereinst sein Werk mit dem gelungenen Werk seiner Urgrossvätergeneration vergleichen wird. Er muss nichts Besseres hinstellen, aber etwas, das wie die Westend-Terrasse zum Besten seiner Zeit gehört."*

Das gleiche Bild heute.

Das Kunstwerk

Zuerst habe ich es gar nicht beachtet. Dann, als ich eines Tages auf dem Dach stand und hinüberschaute, fiel es mir zum erstenmal auf. Es störte mich. Aber ob es mich störte, weil ich es nicht schön fand, oder einfach, weil es ein Hochhaus war, weiss ich bis heute nicht. Das *Haus zur Technik:* Ein Büroturm und im Erdgeschoss ein Restaurant mit Garten. Eine der schönsten und ruhigsten Gartenbeizen in der City, direkt über dem Schanzengraben gelegen, direkt gegenüber dem alten Botanischen Garten, umgeben von lauter Grün. Der Schanzengraben als Erholungsraum, die Idee von damals scheint verwirklicht: Mehr Grün dank der Hochhäuser. Aber war der Preis dafür nicht zu teuer? — Hochhäuser nehmen Licht weg, nehmen Aussicht weg, sind nicht zu übersehen, sind Ausdruck einer Wachstumseuphorie, die längst in Frage gestellt ist. Auch das Hochhaus im Selnau steht irgendwie quer zu seiner Umgebung, gerade weil es hoch ist. Dafür, dass es bereits Ausdruck einer überholten Mentalität ist, nimmt es sich noch immer sehr wichtig. Ich telefonierte dem Architekten, Hans von Meyenburg, um ihn zu fragen, wie er heute über den Selnauer Wolkenkratzer denkt.

"Wenn die Umstände dieselben wären, würde ich das Haus heute noch so hoch bauen", sagt Meyenburg sofort, "ich finde, es setzt einen städtebaulichen Akzent. Wenn Sie über die Selnaubrücke ins Quartier hineinkommen, sehen Sie einerseits horizontal die hohen Schanzengrabenmauern und als Kontrast dazu die Vertikale des Hochhauses. Das finde ich heute noch schön." Bedauern Sie nicht, dass das eine der beiden Westend-Häuser dem Hochhaus geopfert wurde? — "Natürlich war es schade um das Haus, aber ich denke, jede Zeit sollte das Recht haben, etwas Neues zu machen. Ich habe das Hochhaus mit viel Liebe und Begeisterung gemacht. Auch wenn das heute niemand mehr glaubt. Es war für mich wie eine Plastik, ein künstlerisches Werk..."

Meyenburg akzeptiert, dass sich die Auffassungen geändert haben, dass man heute, wie er selbst sagt, "wieder mehr vom Quartier her, vom Kleinmassstäblichen her denkt", aber das rechtfertige keineswegs, dass man heute verteufle, was damals eine zukunftsweisende Tat war. "Schon in wenigen Jahren denkt man wieder ganz anders", glaubt Meyenburg, "eines Tages kommt man vielleicht sogar auf die Idee, das Selnauer Hochhaus — als ein Ausdruck seiner Zeit — unter Denkmalschutz zu stellen."

Unter Denkmalschutz? Meyenburg meint es ernst, und diese Ernsthaftigkeit, mit der er noch heute sein Hochhaus verteidigt, beeindruckte mich. Ich ging ein zweites Mal aufs Dach, schaute mir das Hochhaus nochmal an und stellte fest, dass ich es gar nicht so schlimm fand. Warum hatte es mich im ersten Moment so gestört? Vielleicht, überlegte ich, weil das Hochhaus nicht ins Bild passt, das ich mir vom Selnauquartier gemacht habe: Ein Hochhaus in einer Puppenstube! Ich merkte, an meinem Bild stimmte etwas nicht.

Das SIA-Haus aus der Sicht des alten Botanischen Gartens.

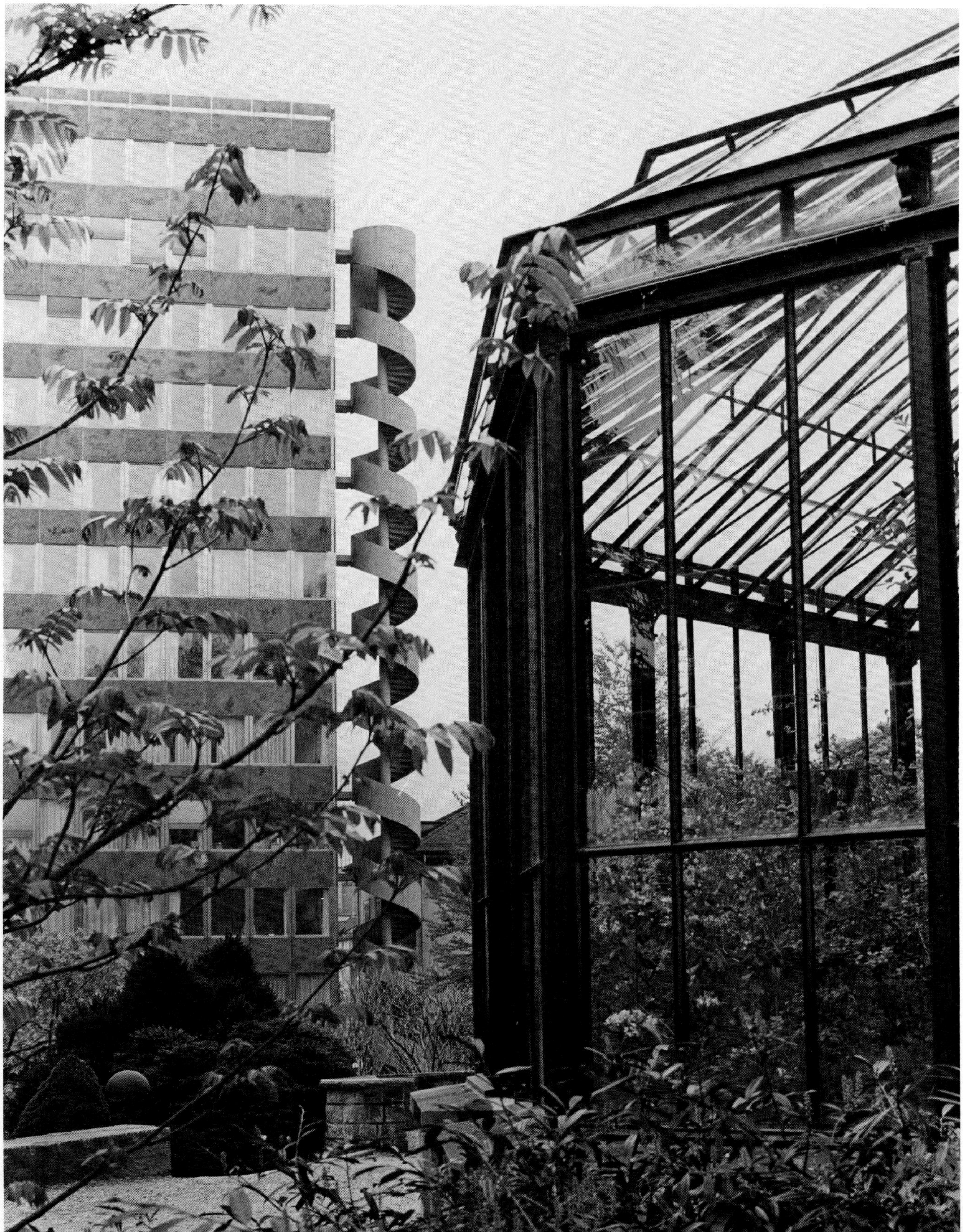

Der Übermut

Es sollte nicht das einzige Hochhaus im Selnau bleiben. Die City, hatte sie erst den kleinen Finger, wollte sie als nächstes den Ringfinger. 1970 – das Hochhaus zur Technik war gerade fertiggestellt worden – war bereits ein neues Bauprojekt im Gespräch. Ein *Touristenhotel* auf dem Selnauer Bahnhofareal, nur wenige Meter entfernt vom ersten Hochhaus, aber kaum zu vergleichen. Das Hochhaus zur Technik kam auf etwa 40 Meter Höhe, das Touristenhotel dagegen war genau doppelt so hoch projektiert, 25 Stockwerke, 440 Zimmer, 880 Betten, Kongressräume, Restaurants und im Erdgeschoss ein nigelnagelneuer Bahnhof Selnau.

Damals herrschte grosser Mangel an Zweitklasshotels in Zürich. Das 48-Millionen-Ding sollte Abhilfe schaffen. Getragen wurde das Projekt von einer eigens gegründeten *Grand Hotel AG*. Der Stadtrat sicherte von Anfang an grosszügige Unterstützung zu, wollte das Selnauer Bahnhofsareal – städtischer Boden – günstig zur Verfügung stellen und beantragte dem Gemeinderat insgesamt 5 Millionen Franken als Beitrag an die Finanzierung. Die Behörden hatten nicht nur Fremdenverkehrsförderung im Auge, sie hegten auch die Erwartung, *"dass das Hochhaus zum Auftakt einer umfassenden Neuüberbauung des oberen Sihlraumes bis zur Sihlbrücke werde"*, wie es in der stadträtlichen Weisung an den Gemeinderat hiess. Es sei wünschbar, *"dass das überquellende bisherige Stadt- und Geschäftszentrum*

Das Projekt Touristenhotel anstelle des Bahnhofs Selnau; rechts die Stauffacherbrücke. (Projektskizze 1970, Architekt Werner Stücheli)

sich ohne störenden Unterbruch in das Quartier Aussersihl entwickeln kann. Das Hotelkonzept auf dem Selnauerareal fügt sich in das angestrebte Konzept ein."

Darum ging es. *Ohne störenden Unterbruch.* Das Selnauquartier, so wie es war, störte, behinderte die nahtlose Ausdehnung der City, musste endlich voll in diese City integriert werden, Schritt für Schritt. Haus um Haus: Nach dem Neubau der *Winterthur* und nach dem ersten Hochhaus nun das Touristenhotel. Mit jedem neuen Projekt wuchsen die Dimensionen. Die City wurde übermütig.

Doch das Touristenhochhaus wurde nie gebaut, denn noch während es sich im Projektstadium befand, gab es eine ganze Reihe von Grosshotelprojekten, die bereits realisiert wurden. Zwar handelte es sich vorwiegend um neue Erstklasshotels, aber es setzte sich doch die Einsicht durch, dass daneben für ein Touristenhotel mit 880 Betten kein genügend grosser Bedarf mehr vorhanden war. Das Hochhaus, als Brückenkopf zwischen City und Aussersihl gedacht, entpuppte sich gerade noch rechtzeitig als Kartenhaus. Still und leise wurde das Projekt begraben. Das Selnau war noch einmal davongekommen.

Die Schonzeit

In den Siebziger Jahren lief fast gar nichts mehr. Man hätte meinen können, die City sei vorsichtiger geworden, denn mit dem Touristenhochhaus wären beinahe Millionen in ein Projekt investiert worden, dem heute gewiss niemand mehr eine Träne nachweint. Neue Grossprojekte wurden diskutiert, waren aber nicht spruchreif. Das Selnau hatte ein Jahrzehnt lang Zeit, die raschen Veränderungen der 60er-Jahre in Ruhe zu verdauen.

Der Spätzünder

An der Grenze zwischen Selnau und Enge, unmittelbar vor der Selnaubrücke, hat es ein unbebautes Grundstück. Die Häuser, die hier standen, wurden schon vor mehreren Jahren abgerissen. Nur eines steht noch, direkt beim Schanzengraben, ein baufälliges Wohnhaus, mit Efeu überwachsen, mit einem prächtigen kleinen Garten. Das Grundstück, das tagsüber mit parkierten Autos belegt ist, gehört heute der *Ems-Chemie-Holding* und der *Handelsbank.* Sie haben sich in der Schanzenbrücke AG zusammengeschlossen und möchten hier ein Hochhaus bauen. Das *Hochhaus zur Schanzenbrücke.*

Das Projekt sei in enger Zusammenarbeit mit der Stadt entstanden, erzählt mir *Peter Itschner,* Mitglied des zuständigen Architektenteams. Die ersten Diskussionen mit den Behörden fanden bereits in den 60er-Jahren statt. Die Stadt, erzählt der Architekt, ging dabei stets von ihrem Konzept aus, entlang des Schanzengrabens eine lockere Kette von Hochhäusern zu realisieren. Drei gab es schon, auf dem Grundstück bei der Selnaubrücke sollte nun das vierte entstehen. 1979 wurde das definitive Projekt vorgelegt: Ein 14-stöckiges Turmhaus auf einem breiten dreistöckigen Sockel, unten Läden, oben Büros und zuoberst ein paar Wohnungen, das Ganze nur wenige Meter höher als das Hochhaus zur Technik an der Selnaustrasse.

Der Architekt zeigt mir das Modell, das in seinem Büro steht. Es gefällt mir auf den ersten Blick. Ich staune über mich selber. Die Auseinandersetzung mit dem ersten Selnauer Hochhaus hat bereits ihre Folgen: Hochhäuser werden mir sympathisch. Aber vielleicht, so hoffe ich, liegt es auch daran, dass ich hier nur das Modell sehe; die Wirklichkeit hat wohl andere Dimensionen ...

Neben dem Hochhausmodell steht ein zweites Modell, eine eher nüchterne, konventionelle Randüberbauung. "Wir machten auf den Wunsch des Hochbauamts auch ein Alternativprojekt zum Hochhaus", erklärt der Architekt das zweite Modell, "aber es war eher ein Pflichtstoff für uns. Für eine Randüberbauung an diesem Standort kann ich mich nicht engagieren, obwohl es eigentlich der bequemere Weg wäre. Die Hochhausvariante hat mich von Anfang an mehr interessiert." Der Architekt holt eine Kiste hervor, zeigt mir die verschiedenen Projektvarianten, die zur Diskussion standen, dreht sie in den Händen, begutachtet sie wie ein Künstler sein Werk. Die Modelle sehen wie Spielzeuge aus, sie werden in den Händen des Architekten ganz harmlos und niedlich, und überhaupt kommt mir alles auf einmal wie ein Spiel vor, ein *Sandkastenspiel:* die ganze Entwicklung des Selnaus, die Neubauten, die Hochhäuser, die rasche Veränderung in den letzten Jahrzehnten. Die Sandkastenperspektive hat

Das Projekt Hochhaus zur Schanzenbrücke. (Modell Patvag)

etwas Verführerisches — aber ich denke mir, dass es vielleicht ganz nützlich sein kann, die Welt, die eigene Umwelt hin und wieder im Sandkasten zu betrachten: Man würde dann wohl etwas gelassener, weniger verbissen reagieren. Ich bin unschlüssig, möchte grosszügig sein und den Dingen ihren Lauf lassen, empfinde aber gleichzeitig eine Art Verantwortungsbewusstsein für die Entwicklung des Quartiers. Ich denke an das letzte alte Haus, das noch auf dem Grundstück steht, das Haus mit dem Efeu und dem kleinen Garten, der mir so gefällt, dann sehe ich wieder das Hochhaus vor mir, dessen Wucht und Grösse mir irgendwie imponiert, und ich spüre, wie beides seine Reize auf mich ausübt, das Alte wie das Neue, und wie es mir immer unmöglicher wird, mich für oder gegen ein solches Hochhaus zu entscheiden.

Das Efeuhaus mit Garten ...
(Fortsetzung S. 50)

Die Wende

"Es gilt Ja zu sagen zur neuen Zeit mit ihren neuen Mitteln", erklärte 1960 der damalige Präsident des Zürcher Heimatschutzes, Martin Schlappner, in einem Referat – und das bedeute auch, mutig zur Frage der Hochhäuser Stellung zu nehmen. Eigentliche *"Hochhausgettos"* lehnte der Heimatschützer ab, jedoch sei *"die Durchwirkung aller Quartiere mit Hochbauten am richtigen Platz ein Mittel zur Belebung des Stadtbildes."*

Zwei Jahrzehnte später, im März 1981, äusserte sich der Zürcher Heimatschutz erneut zur Hochhausfrage. In seiner Stellungnahme zum geplanten Hochhaus zur Schanzenbrücke hiess es einleitend: *"Auf das ganze gesehen, stören die vereinzelt aufragenden Baukörper mit wenigen Ausnahmen, und eine weitere, auch an zufälligen Orten stattfindende Vermehrung von Hochhäusern wird das Weichbild unserer Stadt zerstören."*

Beim ersten Hochhaus im Selnau, Mitte der 60er-Jahre, schaute der Heimatschutz zu, bis es zu spät war. Beim zweiten Hochhaus, nur 15 Jahre später, unternimmt er alles, um es zu verhindern, argumentiert mit dem Schanzengraben als Erholungsraum, mit dem Park des Völkerkundemuseums, der durch das Hochhaus *"in seiner optischen und psychischen Wirkung beeinträchtigt"* würde, mit dem Schanzengraben-Schulhaus, das im Schatten des Hochhauses stehen würde, und lehnt schliesslich auch das Projekt selbst ab: *"Mit seinem Inhalt von anonymen Büroflächen erscheint das projektierte Hochhaus als hohle*

... wurde Ende Mai 1984 abgebrochen. Aber ob das Hochhaus gebaut werden darf, ist nach wie vor offen (Stand Juli 1984).

Ein mittlerweile teures Grundstück, das Feld bei der Selnaubrücke. Rechts im Hintergrund die Post Selnau.

Geste von absolut unangebrachter Lautstärke auf Kosten des Erscheinungsbildes unserer Stadt."

Unterstützt von einer breit abgestützten Petiton gegen das Hochhaus konnte sich der Heimatschutz bei den Behörden durchsetzen: Die Bausektion II des Stadtrates verweigerte dem Hochhaus die Bewilligung, unter Bezugnahme *"auf die starke Zurückhaltung, die in letzter Zeit der Bauform des Hochhauses gegenüber deutlich geworden ist"*. Das war Anfang September 1981. Als dann die Bauherrschaft ein Wiedererwägungsgesuch stellte, erkannte einer der zuständigen Stadträte, *Max Bryner,* dass er es sich wohl zu einfach gemacht hatte. Immerhin war von seiten des Hochbauamts noch vor wenigen Jahren geradezu auf ein Hochhaus gedrängt worden. Ein derart rascher Meinungsumschwung sei nicht sehr glaubwürdig, fand Stadtrat Bryner, und im übrigen finde er das Hochhaus *"halt doch besser als die Randüberbauung. Ich muss ehrlich zugeben, dass ich bei meinem Nein auf die hochhausfeindliche Stimmung Rücksicht genommen habe",* erklärte er in einem Interview. Durch das nachträgliche Ja von Bryner änderte sich das Stimmenverhältnis in der dreiköpfigen Bausektion des Stadtrates; nur noch Stadtrat Aeschbacher — der Jüngste — war gegen das Hochhaus, und Anfang Dezember 1981 wurde die Bewilligung doch erteilt.

Ob das Hochhaus gebaut wird oder nicht, ist aber weiterhin offen. Beim Bundesgericht liegt noch immer der Rekurs eines Anwohners. Das unbebaute Feld bei der Selnaubrücke bleibt bis auf weiteres unbebaut, wartet weiterhin geduldig auf den definitiven Entscheid.

Der Wartsaal

Das Grundstück bei der Selnaubrücke ist nicht der einzige Ort, wo Entscheide in der Luft liegen, wo Pläne und Projekte bestehen, aber seit Jahren nichts geschieht. Jahrelang war unklar, was mit dem zweiten der beiden Westend-Häuser geschieht, das der Stadt gehört. Während das erste Westend-Haus dem Hochhaus zur Technik wich, blieb das zweite stehen – unmittelbar neben dem Hochhaus, Mauer an Mauer beinahe, zwei ungleiche Nachbarn, die architektonisch überhaupt nicht zusammenpassten. Das ist bis heute so geblieben. Man wollte das Haus ursprünglich abbrechen und an seiner Stelle – neben dem Hochhaus – eine Grünanlage errichten, doch der Abbruch verzögerte sich, verzögerte sich fünfzehn Jahre lang – bis man das alte Haus schliesslich mit andern Augen zu betrachten begann und es unter Denkmalschutz stellte. Im September 1983 beschloss der Gemeinderat, das Haus zu renovieren und in ein Altersheim umzuwandeln. Während 15 Jahren musste das alte Haus auf den definitiven Entscheid über seine Zukunft warten, wirkte mit jedem Jahr trauriger und verwahrloster, und wurde zuletzt nur noch als städtische Abstellkammer benutzt, zunächst als Auf-

An der Selnaustrasse.

An der oberen Brandschenkestrasse.

fanglager für Asylbewerber, bis vor kurzem als Notschlafstelle für obdachlose Männer und Clochards. Ein typisches Selnauer Schicksal.

Lange Zeit war auch unklar, was mit den alten Häusern an der Ecke Brandschenkestrasse/Freigutstrasse geschieht. Sie standen teilweise jahrelang leer, verwahrlosten, wurden besetzt, geräumt, zugemauert. Das Baugesuch für einen Neubau mit Büros und Wohnungen ist inzwischen bewilligt worden. Unklar ist weiterhin, was mit den alten Häusern an der Friedensgasse eines Tages geschieht, unklar ist, was mit dem alten Bezirksgebäude geschieht, unklar ist, wann wir aus der Sihlamtstrasse ausziehen müssen, unklar ist, was mit dem Selnauer Bahnhofsareal geschieht, wenn die SZU unterirdisch geführt wird, und am meisten unklar ist, ob die Börse kommt. Das letzte grössere realisierte Bauprojekt war das Hochhaus zur Technik. Seit damals, seit 1970, ist das Selnau *pendent,* wartet darauf, was die City noch alles mit dem Quartier vorhat. Was diese City eigentlich will, ist nicht mehr so klar wie einst, denn einerseits scheint sie nach wie vor fest entschlossen, sich auszudehnen, anderseits zögert sie, scheint auf einmal gewisse Skrupel bekommen zu haben. Der Zustand des Wartens hat für die Selnauer zweifellos Vorteile, man kann seine Gewohnheiten und Gärtchen pflegen und muss sich nicht entscheiden – gleichzeitig aber hat dieser Zustand auch etwas Lähmendes, Blockierendes, und man wünscht sich manchmal fast ein wenig, Entscheide über die Zukunft des Selnaus würden endlich fallen, Projekte würden endlich realisiert, damit man endlich wüsste, in welche Richtung es geht mit dem Quartier.

Aber nichts geschieht. Die Pendenz dauert an, man wartet also weiterhin ab, und obwohl man das Treppenhaus eigentlich schon lange verschönern wollte, lässt man es so, wie es ist, lässt den Hinterhof so, wie er ist, lässt das ganze Quartier, wie es ist, unternimmt nichts, weil ja alles noch hängig ist.

Hinterhofansicht mit Baugespann (an der oberen Brandschenkestrasse).

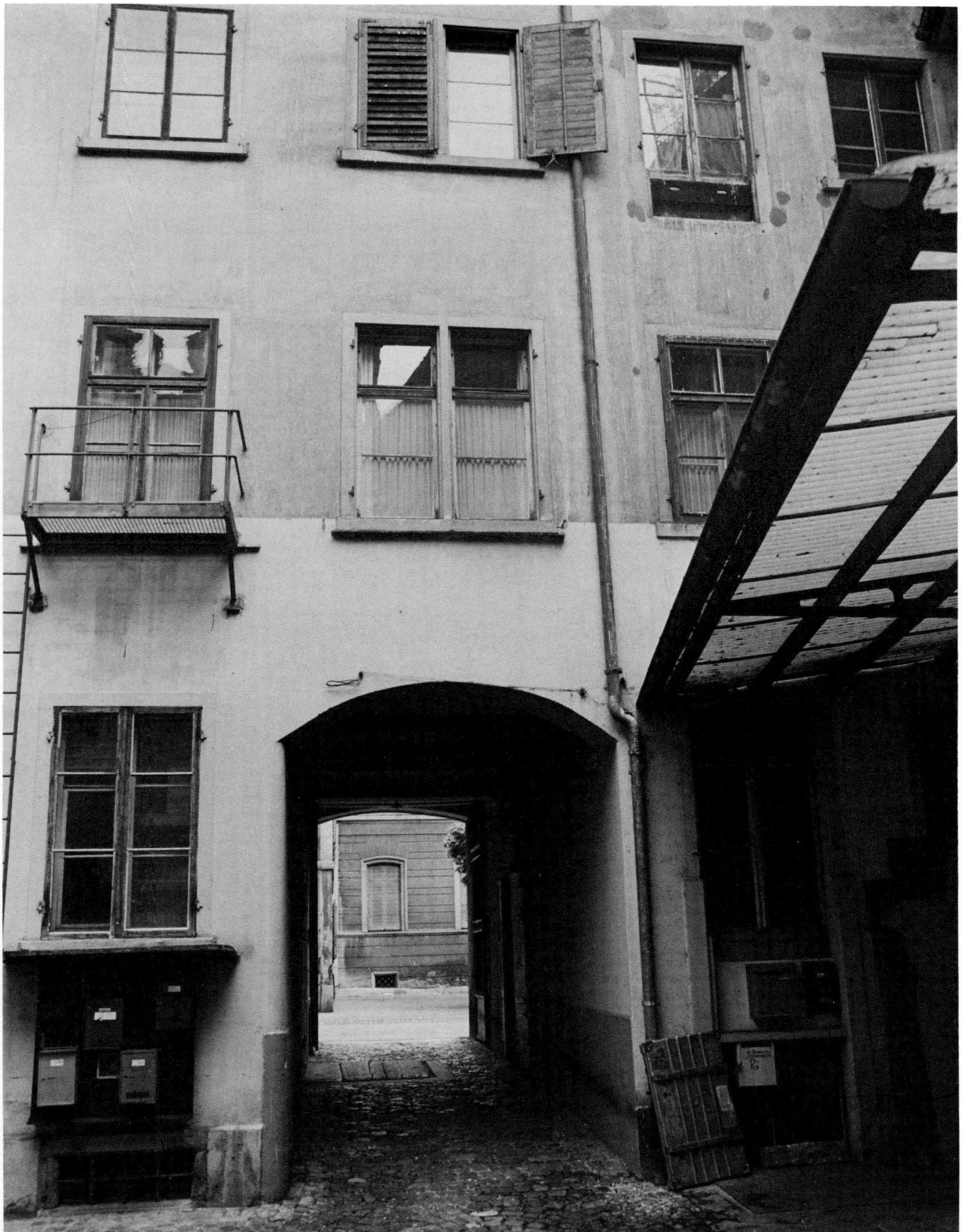

Die Durchmischung

Der *Winterthur*-Neubau. Das *Hochhaus zur Technik.* Das waren im Selnau praktisch die einzigen offensichtlichen und einschneidenden Veränderungen der letzten Jahrzehnte. Sonst gab es nichts, was auf den ersten Blick aufgefallen wäre. Aber es gab eine schleichende, fast unsichtbare Veränderung in all den Jahren, eine Veränderung, die nur in der Statistik offensichtlich wird:

Wohnbevölkerung Selnau
1950   919 Personen
1960   898 Personen
1970   607 Personen
1980   442 Personen

Bereits in den 60er-Jahren verlor das Quartier *ein ganzes Drittel* seiner Bewohner, und mit ihnen verlor es auch seine Unschuld, die Unschuld des biederen Wohn- und Gewerbequartiers. Der Trend hat sich bis heute fortgesetzt. Müsste man daraus schliessen, das Quartier sei 'am Sterben'? – Ich sehe es anders: Das Selnau lebt weiter, aber sein Leben hat sich geändert. Allein mit dem Winterthur-Neubau kamen insgesamt 500 Menschen neu ins Quartier und weitere folgten. Sie alle, obwohl sie nicht hier wohnen, beleben das Quartier genauso, beleben es auf ihre

Die neuen Selnauer.

Weise — nicht am Abend, nicht am Wochenende, dafür tagsüber, dann nämlich, wenn viele Selnauer gar nicht zuhause sind. Die Erwerbstätigen im Selnau bringen zwar zusätzlichen Verkehr, aber sie bringen auch sich selber mit; nur für die Statistik existieren sie nicht.

Die Neue

Catherine Ziegler arbeitet seit drei Jahren im Quartier. Sie ist Parteisekretärin der Stadtzürcher *FDP,* die ihre Büros an der *Sihlamtstrasse 5* hat, im gleichen Haus wie das Selnauer Bahnhofbuffet. Dass sich die *FDP* gerade im Selnauquartier niedergelassen hat, findet Catherine Ziegler keineswegs ungewöhnlich: "Die FDP ist eine Volkspartei, und hier im Selnau hat es wirklich Leute aus allen Schichten, das ist mir sofort aufgefallen", sagt sie. Man treffe hier sowohl Arbeitslose wie Bankdirektoren, und "manchmal lag auch schon ein Clochard bei uns vor dem Eingang, als ich am Morgen kam." Diese Vielfalt von Menschen gefällt ihr, das möchte sie nicht mehr missen. Die Lage des Quartiers gefällt ihr weniger. Zwar sei es zentral gelegen, aber mit öffentlichen Verkehrsmitteln schlecht erreichbar. Catherine Ziegler wohnt selber in der City, beim Hauptbahnhof, und kommt meistens zu Fuss zur Arbeit, "der Sihl oder dem Schanzengraben entlang, das ist am schnellsten. Mit dem Tram dauert es mir zu lange."

Catherine Ziegler, FDP-Parteisekretärin.

Abends allerdings, wenn es spät wird, nimmt die junge Parteisekretärin doch lieber den Umweg mit dem Tram in Kauf. Die Umgebung des Selnaus ist abends ziemlich verlassen, und allein würde sich Catherine Ziegler nicht getrauen, dem dunklen Schanzengraben entlangzugehen. Sie ist nicht die einzige Frau im Quartier mit dieser Angst. "Man merkt halt, dass hier nicht mehr soviele Leute wohnen", sagt sie.

Catherine Ziegler ist Mitglied des Komitees gegen das Hochhaus zur Schanzenbrücke. "Als Kreis-1-Bewohnerin nehme ich mir das Recht, gegen dieses Hochhaus zu sein. Ich finde, man kann so etwas heute nicht mehr bauen." Die Börse dagegen sei ein anderer Fall. Da bestehe ein öffentliches Interesse, argumentiert Catherine Ziegler, die Börse sei nun einmal wichtig für Zürich und die Börse brauche mehr Platz. Durch den geplanten Neubau im Selnau werde kein Wohnraum verdrängt – im Gegenteil, die FDP-Sekretärin könnte sich sogar eine Abänderung des Börsenprojekts vorstellen: "Anstatt Büros für die kantonale Verwaltung könnten auch Wohnungen eingeplant werden, das wäre sinnvoller."

Insgesamt, glaubt Catherine Ziegler, würde die Börse dem Quartier mehr Vor- als Nachteile bringen: "Mit der Börse kämen mehr Leute, mehr Läden ins Selnau. Das Quartier kann solche Belebung brauchen. Was auch immer kommt, es kann dem Quartier nur gut tun ..."

Die Alteingesessenen

"Es ist zu spät", sagt *Hans Schurter,* Redaktor beim Tages-Anzeiger, Quartierbewohner, "die Citybildung im Selnau ist nicht mehr aufzuhalten. Es wohnen nicht mehr genug Leute hier."

Die Familie Schurter wohnt seit Jahren an der Gerechtigkeitsgasse, in einem der zierlichen zweistöckigen Reihenhäuser, die seinerzeit zusammen mit dem Quartier entstanden sind. Der Eingang sei hinten im Garten, hat mir Schurter am Telefon gesagt, ich müsse den Durchgang zum Hinterhof benützen. Zum erstenmal sehe ich hinter die Kulissen der Gerechtigkeitsgasse, stehe unverhofft in einer Ecke des weitläufigen Hinterhofes, dieser Welt für sich – die allerdings, wie so mancher Hinterhof, vom Gegeneinander der Generationen und Interessen nicht unbehelligt blieb: Schurters Garten, ein lauschiges, üppiges Stück Grün mit Pfirsichbäumchen, Pergola und Kinderspielplatz, ist nicht nur von Büschen und Bäumen, sondern auch von Garagen und Parkplätzen umgeben; dahinter, zur Rechten, besteht die Kulisse aus den leerstehenden Häusern und verwilderten Gärten, die gelegentlich dem Neubau der Sumatra AG weichen sollen, und auf der ganzen linken Seite macht sich die *Winterthur* breit, die den Hinterhof mit ihrem Gebäudekomplex schon seit Jahren dominiert. Die fünfhundert Büroleute im Winterthur-Gebäude sind sozusagen alle Schurters Nachbarn, aber jetzt, am Abend, ist von den fünfhundert Nachbarn kein Ton zu hören. Vergeblich lausche ich auf das Klappern der Pfannen, die Musikfetzen, das Kindergeplärr, die Stimmen, die wunderbare Vielfalt der Geräusche, die mir vom eigenen Hinterhof her so vertraut sind. Es ist ruhig hier.

Herr und Frau Schurter mit Katze, Quartierbewohner.

"Mit der Winterthur hat es angefangen", sagt Hans Schurter, "seither ist die Wohnqualität im Quartier nach und nach immer schlechter geworden." Mit den Büros kam der Verkehr, kamen die Quartierschleicher, die Pendler, die in der City arbeiten und hier kostenlose Parkplätze fanden.

Für zusätzlichen Verkehr sorgten die Dirnen, die an der Gerechtigkeitsgasse ihre Appartements hatten und nachts jeweils auf den Strassen des Quartiers die Freier anlockten. "Wir haben die Dirnen damals mit Baldrian besprüht, um sie von der Strasse zu verscheuchen. Baldrian stinkt unglaublich. Bis die Zuhälter kamen..." Hans Schurter freut sich jetzt noch über die Baldrian-Action. Es gab dann ein Gesetz, das den Dirnen untersagte, sich in Wohnquartieren anzubieten. Das habe ein paar Jahre gewirkt, sagt Schurter, aber in letzter Zeit seien doch wieder Dirnen ins Quartier gekommen.

Die Zahl der Familien im Selnau sei stark zurückgegangen. "Die einzigen neuen Familien, die mir in den Sinn kommen, sind jüdische Familien. Zwei von ihnen wohnen gegenüber, eine dritte Familie wohnt bei uns im Haus." Kinder sehe man schon seit Jahren praktisch keine mehr auf der Strasse, ergänzt Frau Schurter, die sich zu uns gesetzt hat. Gemeinsam stellen wir fest, dass heute vor allem junge Leute im Quartier wohnen, mehrheitlich Einzelpersonen, die einen in den renovierten Wohnungen, andere in den zahlreich gewordenen Appartementhäusern. Eine "echte Belebung des Quartiers" wäre nach Ansicht von Frau Schurter nur möglich, wenn vermehrt junge

Familien hierherkämen, aber für Familien seien ja die renovierten Wohnungen meistens zu teuer. Auch der ständige Verkehr mache das Selnau für Familien unattraktiv. Frau Schurter würde aus der Gerechtigkeitsgasse am liebsten eine Wohnstrasse machen. "Dann könnte man Bänke aufstellen und mit den Nachbarn plaudern...!" Schon will sie ins Schwärmen kommen, aber dann winkt sie schnell ab: "Ich mache mir Illusionen. Man würde ja gar nicht genug Leute zusammenbringen, die an einer Wohnstrasse überhaupt interessiert wären."

Der Börsenneubau. Hans Schurter, Wirtschaftsredaktor, kommt in Fahrt. Ja, zuerst habe er geglaubt, eine neue, grössere Börse sei halt notwendig. Erfahrungen aus den USA hätten ihn aber davon überzeugt, dass eine modern eingerichtete Börse gar nicht mehr soviel Platz braucht, ein Umbau der heutigen Börse könnte also durchaus genügen. Dass mit der Börse neue Läden, neue Restaurants und damit mehr Leben ins Quartier käme, daran glauben Schurters nicht so recht. Eine Quartierbelebung, die jeweils um 18 h 30 beendet wäre — an Donnerstagen um 21 h 30, sei keine echte Belebung. Abends und an Wochenenden wäre das Quartier genauso unbelebt wie schon heute, ohne Börse. Für Hans Schurter ist es ein grundsätzliches Problem. Die von der Stadt angestrebte Durchmischung der citynahen Quartiere, das *Nebeneinander von Arbeiten und Wohnen,* wie es auch der städtische Wohnanteilplan für das Selnauquartier vorsieht — damit konnte sich Schurter nie recht anfreunden: "Wenn die Büros kommen, werden die Wohnverhältnisse auf die Dauer unzumutbar."

"Schon die nächste Generation unserer Familie wird nicht mehr hier wohnen", meint Frau Schurter. "Mein 19-jähriger Sohn sagt, ihm sei es im Selnau zu lärmig." Warum seid Ihr selber nicht schon längst ausgezogen, frage ich das Ehepaar. "Wir hängen an dem Haus, es ist gemütlich hier, und weil es uns gehört, bleiben wir auch eher", antwortet Frau Schurter. "Aber bestimmt wären wir schon ausgezogen, wenn wir nicht in der Innerschweiz ein Ferienhäuschen hätten."

Draussen ist es dunkel geworden. Der Verkehr im Quartier hat aufgehört. Hin und wieder das Rattern der Sihltalbahn. Erstaunlich ruhig ist es um diese Zeit im Selnau. Vor lauter Lamentieren über seine Entwicklung haben wir ganz vergessen, dass es hier auch sehr schön sein kann, *erholsam* beinahe im Vergleich zu andern Stadtquartieren. Frau Schurter tischt Brot, Käse und Wein auf. Sie erzählt von der hauseigenen *Galerie Selnau,* die sie im Dachstock oben eingerichtet hat. Wir reden über allerlei, entfernen uns immer mehr von der ganzen Stadtproblematik, lernen uns persönlich kennen. Ein Hauch von Quartierleben durchzieht den Raum. Als gäbe es tatsächlich ein Quartierleben im Selnau, und als wäre unsere Begegnung ein Teil davon, ein kleiner Beitrag zur Belebung des Quartiers.

Man knüpft Kontakte, kommt sich näher, plant gemeinsame Aktivitäten im Quartier: So, stelle ich mir vor, entsteht ein Quartierleben. Aber würde ich das überhaupt wollen, frage ich mich, gibt es genug Gemeinsamkeiten? — Sich für ein Quartierleben engagieren, heisst auch, aus der städtischen Anonymität heraustreten, die eigenen vier Wände verlassen, heisst offener werden für die Umgebung — und damit auch verletzlicher. Will ich das überhaupt? Ich glaube, ich bin ganz froh, dass ein Quar-

Ursula Hess, Quartierbewohnerin.

tierleben im Selnau eine Illusion bleibt, denke ich auf dem Heimweg. Die Privatsphäre der eigenen Wohnung ist mir lieber, ich muss mich zu nichts verpflichten, muss mich nicht mitverantwortlich fühlen für die Belebung des Quartiers, ich bleibe ungestört. Schurters Resignation angesichts der Entwicklung des Selnaus entlastet mich: Man kann hier wirklich nichts mehr machen.

Das Quartierleben

An der Gerechtigkeitsgasse 8 führen zwei junge Frauen eine Galerie, die *Keller-Galerie,* seit über zwei Jahren sind sie schon da, und im Gespräch mit einer der beiden Frauen wird mir sofort klar, dass ich soeben das Selnauer Quartierleben entdeckt habe. "Im Selnau, da ist mehr los, als man meint", sagt *Ursula Hess* mit dem selbstbewussten Unterton der jungen Quartierbewohnerin. Sie wohnt seit vier Jahren hier, wenige Schritte von der Keller-Galerie entfernt, arbeitet am Morgen als Sekretärin und ist nachmittags meistens in der Galerie anzutreffen. Bis vor zwei Jahren war das noch ein Abstellkeller, jetzt sind die Mauern weiss bemalt, Spots leuchten die Winkel aus, ein helles Kellergewölbe ist entstanden: für kleine Kunstausstellungen gerade richtig.

61

"Seit wir die Galerie haben", erzählt Ursula Hess, "lerne ich immer mehr Leute aus dem Quartier kennen, die verschiedensten Leute." Sie fängt an aufzuzählen. Der Innendekorateur, der an der Holzgasse wohnt und im Hinterhof der Gerechtigkeitsgasse sein Atelier hat, die Frau, die vorne an der Selnaustrasse ein Pelzatelier führt, der Obsthändler beim Bahnhof, die Lehrlinge von der Lehrlingswerkstätte nebenan. Eine jüngere Frau mit Hund schaut zur Kellertüre herein. "Das war die Dirne, die in der Nähe wohnt", erklärt Ursula Hess, "sie kommt oft vorbei. Ich habe sie im Bahnhöfli kennengelernt."

Das Bahnhofbuffet Selnau, gleich um die Ecke, sei der eigentliche Quartiertreffpunkt. "Es ist wie überall", meint Ursula Hess, "wer den Kontakt sucht, findet ihn. Man muss hier nur ins Bahnhöfli gehen, dort lernt man alle kennen. Wir sind schon eine richtige Clique hier im Quartier, mindestens ein Dutzend Leute, die regelmässig ins Bahnhöfli kommen." Der "harte Kern" im Selnau, wie Ursula Hess ihre Leute nennt, trifft sich teilweise auch ausserhalb der Beiz, bei den Vernissagen in der Kellergalerie, bei der Pelzmodeschau im Pelzatelier, bei Grillparties im Hinterhof und gelegentlich zu später Stunde in der Hausbar eines jungen Ehepaars, an der Gerechtigkeitsgasse: "Unser kleines Selnauer Nachtleben", sagt Ursula Hess.

Ich muss gestehen, sage ich erstaunt, ich hatte von all dem keine Ahnung. Alles spricht doch eigentlich gegen ein Quartierleben: Es gibt immer weniger Wohnungen, immer weniger Familien, es gibt keine Quartierläden, kein eigentliches Zentrum,

"s'Bahnhöfli" heute, an der Sihlamtstrasse.

"s'Bahnhöfli" vorher, mit Gartenwirtschaft; erbaut 1856, abgebrochen 1946.

keinen Dorfplatz, keine Kirche, fast keine Beizen, es ist ja auch formell kein Quartier – und doch gibt es Selnauer, die sich als Selnauer fühlen und etwas tun für ihr Quartier.

Die Beiz

Im Bahnhofbuffet Selnau wird nicht zwischen 1. und 2. Klasse unterschieden. Im Bahnhöfli verkehren sowohl Gäste, die prinzipiell nur Flaschenwein bestellen wie auch solche, die mit zittrigen Händen ihr letztes Geld für eine Stange hinlegen; man trifft Gäste hier, die von den letzten Ferien erzählen und andere, die von den letzten Stempelferien erzählen; im Bahnhöfli wurden schon Hausbesetzungen angekündigt und freisinnige Wahlsiege gefeiert ... Ein breites Spektrum für eine Quartierbeiz! Aber die Tatsache, dass soviele verschiedene Leute hier verkehren und dass sie alle nebeneinander Platz haben, passt zum Selnauquartier. Das Bahnhöfli ist, so könnte man sagen, die Selnautaschenbuchausgabe.

Mir hat das Bahnhöfli von Anfang an gefallen. Aber jedesmal, wenn ich in letzter Zeit dort vorbeigehe, kommt mir schmerzlich in den Sinn, dass an der Stelle, wo heute das Geschäftshaus mit diesem Bahnhofbuffet steht, die *"Kleine Reblaube"* war. Dort, wo heute ein kahler Durchgang zum Hinterhof führt, da prangte früher ein eisernes Tor mit der Aufschrift *Gartenwirtschaft*; wo heute Asphalt ist, da war früher Kiesboden, da gab es Tische und Bänke und grosse, schattenspendende Kastanienbäume, die ihre Wurzeln in der Selnauer Erde hatten und nicht in Blumentöpfen wie die Bäumchen, die heute zur Zierde vor dem Bahnhöfli stehen.

Als das *Haus zur Reblaube* erbaut wurde, erhob sich hinter ihm noch der Selnauer Rebhügel und in der Beiz wurde vielleicht noch ein echter "Selnauer" serviert; oder war es am Ende gar ein "Selnauer Klostergeist"? — 1856 war das Restaurant eröffnet worden, vier Jahre später entstand das Selnauquartier. Die "Kleine Reblaube" — so genannt, weil es in der Altstadt eine zweite, "grosse" Reblaube gibt — wurde fortan zum Quartiertreffpunkt und mit dem Bau der Üetlibergbahn zur beliebten Ausflüglerbeiz. Das blieb so, jahrzehntelang, bis nach Ende des Zweiten Weltkriegs. Dann wurde das Haus verkauft. Der neue Besitzer fand die Ausnützung des Grundstücks ungenügend, liess die Reblaube abbrechen und stellte einen dreistöckigen Neubau hin. Dem Reblaube-Wirt hatte er versprochen, im Neubau auch ein neues Restaurant einzuplanen, aber dann machte er es doch nicht. Hilfesuchend wandte sich der geprellte Wirt an die Brauerei Hürlimann und erreichte, dass die Brauerei das Haus zu einem hohen Preis aufkaufte. Im Erdgeschoss wurde nun doch eine Beiz eingerichtet, das Bahnhöfli blieb dem Selnau erhalten, aber so wie früher war es nicht mehr.

Wieviel lieber als im neuen Bahnhofbuffet würde ich in der alten Gartenwirtschaft bei einem Glas Wein unter den Kastanienbäumen sitzen und mich am Leben freuen! — Es wäre wohl besser, ich hätte von der Kleinen Reblaube noch nie gehört. Vielleicht wäre es überhaupt besser, man wüsste nicht allzuviel über das eigene Quartier, denn ist nicht alles viel einfacher, wenn man nur die Oberfläche der Dinge sieht?

Adrian Naef, Quartierbewohner.

Das Foyer

Auf der Suche nach dem Quartierleben begegne ich *Adrian Naef*. In einem ehemaligen Ladenlokal an der Gerechtigkeitsgasse hat er ein *Schülerfoyer* eingerichtet. Adrian Naef ist Lehrer, gibt Deutsch- und Religionsunterricht an verschiedenen Schulen in Aussersihl. Er wollte, dass seine Schüler auch nach der Schule einen Ort haben, wo sie sich treffen können, und weil das im Schulhaus selbst nicht sein darf, gründete der junge Lehrer sein privates Schülerfoyer. Es ist abends unter der Woche und an Samstagnachmittagen geöffnet. Die Jugendlichen, die es besuchen, sind zum Teil Adrian Naefs Schüler, ehemalige Schüler von ihm, deren Freundinnen und Freunde, die meisten zwischen 14 und 18, die meisten aus Aussersihl. Samstags, wenn Adrian Naef jeweils einen Video-Streifen zeigt, sind manchmal bis zu 30 Jugendliche im Foyer versammelt. Der Keller, wo einst ein jüdischer Lebensmittelhändler seine Vorräte lagerte, ist zur Diskothek und zum Übungsraum für Bands umfunktioniert worden. Reklamationen gab es bisher kaum. "Die Nachbarn sind sehr tolerant", sagt Adrian Naef, "und ich glaube, die Schüler nehmen von sich aus mehr Rücksicht als anderswo, weil sie sich mitverantwortlich fühlen für das Foyer."

Adrian Naef geht es ähnlich wie den Frauen von der Kellergalerie: Durch sein Schülerfoyer hat er im Quartier allmählich Leute kennengelernt. Auch er war schon zu Gast an der Hausbar des jungen Ehepaars von vis-à-vis, und als er eines Tages an der Ladentüre einen Zettel hinklebte: *"Hier Aluminiumsammel-*

stelle", hatte er nachher die Alu-Teckeli gleich sackweise vor der Tür. Auch für Adrian Naef ist das Selnau zu einem Quartier geworden, wo sich Gemeinsamkeiten und Bekanntschaften anbahnen, und wo man vielleicht sogar eines Tages wieder die Gründung eines Quartiervereins ins Auge fassen könnte – wie damals, vor hundert Jahren, als die ersten Selnauer sich bewusst wurden, dass sie Selnauer waren und einen *"Selnau-Verein"* ins Leben riefen, der im jungen Quartierleben eine unschätzbare Rolle spielte.

Inzwischen hat sich das Gesicht des Selnaus stark verändert, fast alle Alteingesessenen sind weg, und eigentlich müsste man jetzt wieder ganz von vorn anfangen. Wenn das die Selnauer von heute überhaupt wollen. Es muss ja nicht mehr unbedingt ein Verein sein.

Der Hinterhof

Eines Tages, auf einem meiner Streifzüge durchs Quartier, entdecke ich Weintrauben. Hier, wo einst ein Rebbaugebiet war, wo aber heute niemand mehr auch nur die geringste Traube vermuten würde, stosse ich zuhinterst in einem Hinterhof auf ein ganzes Rebengeflecht, das sich stilgerecht der Hausmauer entlang emporrankt und bereits allerorten Früchte trägt. *Trauben,* echte Trauben! – Mir kommt es vor, als hätte ich eine ausgestorbene Pflanze wiederentdeckt. Und dann sehe ich den Kirschbaum, der gleich daneben steht und schon voller schwarzroter Kirschen ist, ich greife nach dem nächsten Ast, hole ein paar Früchte herunter, vergesse ihren Bleigehalt und probiere: *Kirschen,* reife, fruchtige Kirschen! Der Boden, sehe ich jetzt, ist übersät mit Kirschen – niemand hat sie rechtzeitig gepflückt, niemand fand es der Mühe wert, und den Trauben wird es im Herbst wohl ähnlich ergehen. Wer weiss überhaupt von ihrer Existenz? – Der Hinterhof, zwischen Friedensgasse und Brandschenke gelegen, ist arg vereinsamt, sich selber überlassen, Gestrüpp hat den Boden überwuchert, Risse in den Steinplatten, eine einsame rostige Teppichstange, ein alter Schlitten, Gerümpel. Ein Selnauer Hinterhof, darauf wartend, was mit ihm geschieht. Ich finde es trist hier, suche die grauen Mauern der Häuser ab, suche nach einem Ausweg, einem Stück Himmel – bis ich die Pflanzen sehe, die in voller Blüte vom Dach herunterhängen und mich verlocken.

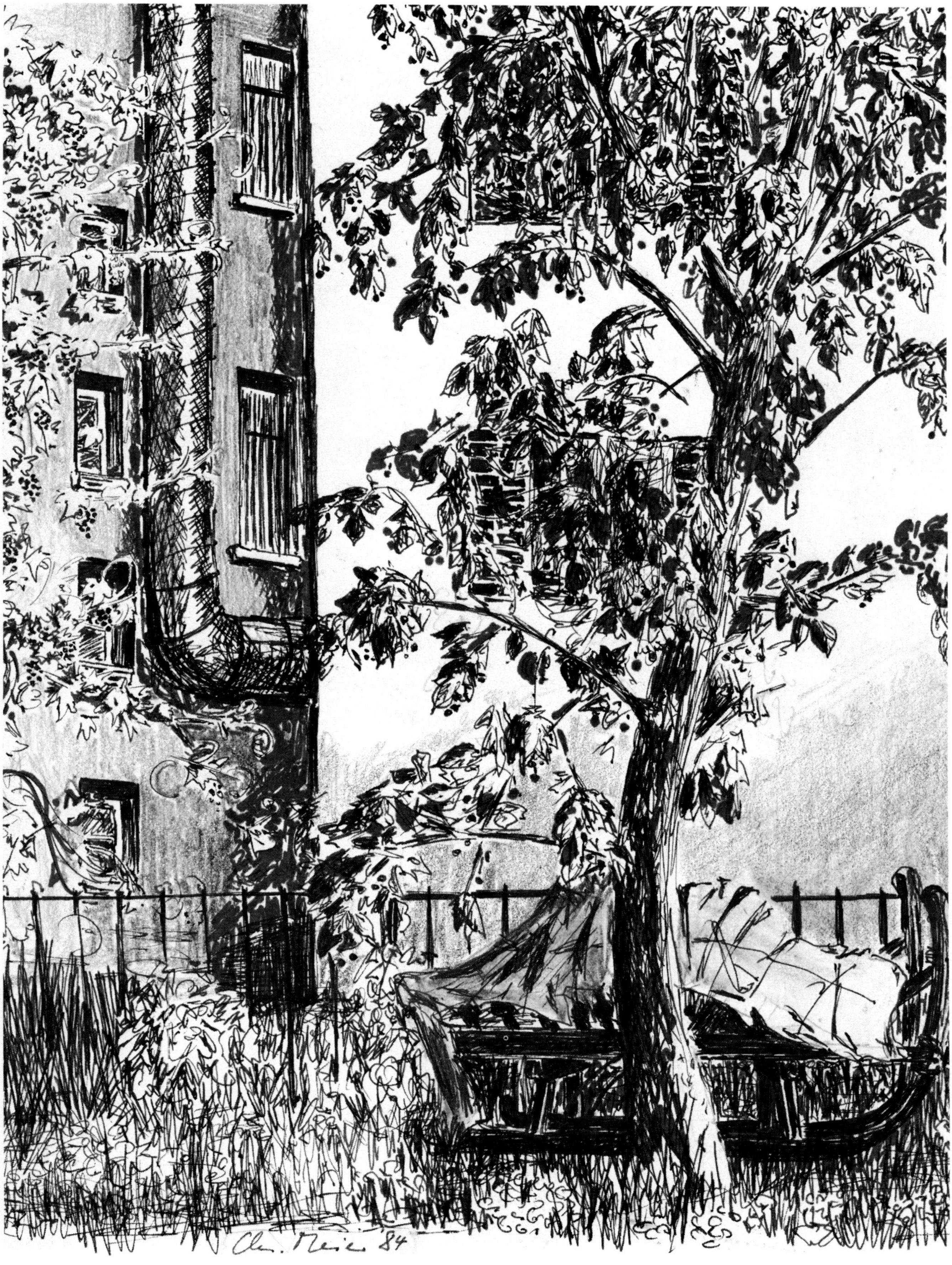

Der Dachgarten

Ein Dachgarten! — Möchte ihn von nahe sehen, suche den nächsten Weg nach oben, aussen herum, hinten herum, ein enges Treppenhaus hinauf, Stockwerk um Stockwerk, immer höher und steiler — bis sich hinter mir eine Türe öffnet: "Suchen Sie etwas?" Eine junge Frau ist aus ihrer Wohnung getreten: Eine Quartierbewohnerin! Ich erfahre von ihr, dass Sie *Claude Manhart* heisst und schon in diesem Haus aufgewachsen ist. Sie arbeitet als Hauspflegerin. Sie hat Zeit. Bereitwillig führt sie mich nach oben. Es ist ihr Dachgarten, sie zeigt ihn mir nicht ohne Stolz, sie weiss wohl, dass es der schönste in der Gegend ist. Ich erzähle ihr von unserem Dachgarten, von den verdorrten Sonnenblumen, den verwelkten Salatköpfen, zu klein geratenen Karotten ... Die junge Frau, das sehe ich sofort, hat mehr Erfahrung als ich mit Pflanzen und Blumen auf Dächern: Ihr Dachgarten ist wie ein richtiger Garten, ein liebevoll gepflegtes Ganzes, eine Augenweide.

Einige der Pflanzen seien wie von selber gekommen, erzählt Claude Manhart, vom Wind herangetragen, vom alten Botanischen Garten her, von andern Dachgärten in andern Stadtteilen, wer weiss. Wenn man hier einen Topf Erde aufs Dach stellt, erzähle ich meinerseits, kann man sicher sein, dass er nicht lange unbebautes Grundstück bleibt. Auch die Natur hat die Tendenz zu Überbauungen — sogar auf Selnauer Dachgärten, obwohl hier oben die Erde so knapp ist.

Unsere Dachgärten bleiben der Öffentlichkeit verborgen. Niemand, der unten vorbeigeht, weiss von den Plantagen und Urwäldern auf den Selnauer Dächern. Nur die Nachbarn, die auf gleicher Höhe wohnen, kennen die Geheimnisse der alten Zinnen. Claude Manhart erzählt, das Beispiel ihres Gartens habe an-

Selnauer Dachgärten zwischen Friedensgasse und Brandschenkestrasse.

steckend gewirkt: Sie zeigt auf die umliegenden Dächer. Da und dort sind scheue Ansätze sichtbar, ein paar Blumenkisten, ein Gartentisch, Stühle, ein Sonnenschirm. Mit jedem Sommer werden es wieder ein paar Selnauer mehr, die ihre Dächer entdecken...

Die Sommerabende

Manchmal, wenn wir an lauen Sommerabenden auf dem Dach sitzen und Gott und die Welt bereden, kommt mir die *Dienstags-Compagnie* in den Sinn. Vor über zweihundert Jahren, habe ich gelesen, kamen ein paar junge Zürcher Intellektuelle wohlhabender Herkunft auf die damals noch sehr ungewöhnliche Idee, einen Klub zu gründen, sich regelmässig, alle Dienstage, zu versammeln, nicht etwa zum Kartenspiel und zum allgemeinen Besäufnis, sondern zwecks geistiger Auseinandersetzung im Kreis guter Freunde. Bekannte Namen waren unter den 17 Gründungsmitgliedern, so etwa der Maler und Lyriker *Salomon Gessner* oder der nachmalige Stadtarzt und Dichter *Johann Caspar Hirzel*, Herren allesamt, die es in ihren späteren Lebensjahren zu Amt und Würden brachten.

Draussen im Selnau, *"ferne von dem Getümmel der Stadt"*, wie es in einem Klubprotokoll hiess, fanden die jungen Männer 1753 ein Lusthäuschen, das für ihre abendlichen Treffen wie geschaffen war. Im Winter blieben sie in der Stadt, aber *"während der schönen Jahreszeit"* kamen sie fortan regelmässig ins Selnau. War es warm genug, wurde das Treffen im Freien abgehalten, natürlich nicht auf dem Dachgarten eines Altstadthauses,

Claude Manhart, Quartierbewohnerin.

sondern im Garten des Landgutes, welches gar herrlich gelegen war, nämlich am Fusse des Selnauer Rebhügels mit Blick auf die Sihl und die Ruhe selbst: So unberührt und ländlich war das Selnau damals, und genau das war es, was die Stadtzürcher dort suchten. Bei ihren Treffen hier draussen fanden sie geistige und körperliche Erholung vom städtischen Alltag, waren für ein paar Stunden ungestört von Pflichten und Obrigkeiten und konnten im Kreise Gleichgesinnter ein offenes Wort reden, oder, wie es im Klubprotokoll hiess, *"sich mit mehreren Freyheiten ergötzen"*. Man las sich gegenseitig vor, politisierte, philosophierte, ass und trank und freute sich des jungen Lebens. War man des angeregten Parlierens einmal überdrüssig, so begab sich die ganze Selnauer Männergesellschaft in den Keller des Lusthäuschens, wo eine Kegelbahn bereitstand. Oftmals waren auch illustre Gäste zugegen, unter ihnen bekannte deutsche Dichter, und mit ein wenig Phantasie lässt sich vermuten, dass in den Werken von Klopstock, Kleist und Wieland da und dort von *unvergesslichen Sommerabenden im Selnau* die Rede ist.

Traf sich die Dienstags-Compagnie im "Kilchsperger Schopf"? Die Beschreibung würde passen. Auf dem Müllerschen Stadtplan von 1789 (s. S. 15) ist das Haus namentlich vermerkt. Es stand neben der städtischen Ziegelhütte, am Fusse des Selnauer Rebhügels, aber weder sein Baujahr noch das Jahr seines Abbruchs sind genau bekannt. Im Vordergrund des Bildes die spätere Sihlamtstrasse, die nach links Richtung Stadt verläuft. Im Hintergrund, oberhalb gelegen, das Landgut Brandschenke; das "Freigut" ist nicht abgebildet, das Bild muss also vor 1770 entstanden sein.

Die Geschichten

Noch immer bin ich im alten Haus an der Friedensgasse auf Entdeckungsreise, und was ich alles hier vorfinde, das gäbe wahrlich einen Bericht für sich allein. Den Dachgarten habe ich hinter mir gelassen, ich bin die steile Stiege wieder hinab in den Dachstock gestiegen und auf weitere Hausbewohner gestossen. Im ersten Zimmer rechts, da steht ein junger Mann, steht in einem kahlen Raum, der nur das Nötigste kennt: ein Bett, ein Tisch, ein Stuhl, ein Holzofen. Sonnenlicht flutet durch grossflächige Fenster, aber dann sehe ich die schwarzen Vorhänge und die weissgestrichenen Wände, und es hängt kein einziges Bild an diesen Wänden. Wenn die Vorhänge gezogen sind, dann ist dieser Raum wie ein Sarg. Der junge Mann hat Stil.

Bis vor kurzem haben hier in diesem Zimmer ein alter Mann und eine alte Frau gewohnt. Der Alte war ein Deutscher, und er glaubte noch immer an Hitler, obwohl der Krieg schon lange vorbei war. Jede Nacht kam der Alte besoffen nach Hause, torkelte die Treppe empor, fluchte und lästerte vor sich hin. Wenn er oben ankam, hörte man ihn herumbrüllen. Seine Frau liess ihn brüllen, sie war sich das gewohnt, sie war ja das Leben lang bei ihm geblieben. Manchmal brüllte sie zurück, und dann keiften sie beide so laut, dass man es im ganzen Haus hörte. Das war seit Jahren so. Eines Nachts dann, als der alte Säufer wieder voll und geladen das Treppenhaus emporwankte, trat Claude, die junge Frau, gerade aus ihrer Wohnung. Da ging der Alte mit einem Messer auf sie los. Von da an ging es nicht mehr. Jahrelang hatte man ihn gewähren lassen, hatte ihm die Zwangseinweisung ins Heim erspart, aber nun war es genug. Dem alten Paar wurde gekündigt. Das Zimmer, das sie hinterliessen, war in einem schlimmen Zustand. Der junge Mann liess es desinfizieren, bevor er einzog.

Im hintersten Raum ist ein Kunstmaler. Er steht vorne am Fenster und zeichnet Vögel. Vor ihm auf dem Tisch steht eine ausgestopfte Krähe. Sie blickt mich an, und der Kunstmaler lächelt. Der Raum, in dem er lebt, ist eng und verwinkelt. Alles ist verstellt, das Bett ungemacht. An der Wand hängen Bilder und Skizzen. Ein Bild hängt schräg. So, stelle ich mir vor, lebten früher die Künstler in Paris. Durch die grossen Dachfenster fällt viel Licht. Schwarze Vorhänge hat es hier keine. Doch die Krähe blickt mich an. Der Kunstmaler fühlt sich wohl hier. Er wohnt schon Jahrzehnte da. Auf der Seite des Hinterhofs ist die Küche. Ich habe noch nie so eine Küche gesehen. Sie ist wie ein Bild. Aber auf dem Herd kocht Wasser: Das Bild lebt.

Ich möchte noch eine Geschichte hören aus diesem Haus.

Es ist eine wahre Geschichte: Der Verputz an der Küchenwand ist alt, aber nicht ganz so alt wie das Haus, denn um die Jahrhundertwende wurde der Verputz erneuert. Die Arbeit wurde von einem gewissen Mussolini ausgeführt. *Benito Mussolini.* Das war damals ein junger italienischer Sozialist, der vorübergehend in Zürich als Gipser arbeitete. Ob er selbst den Verputz erneuerte, oder ob es sein Kompagnon war, weiss niemand mehr genau. Der Vater des Kunstmalers, der schon in diesem Haus lebte, wusste es noch. Aber das ist lange her. Mussolini kehrte dann nach Italien zurück und wurde der Führer der Faschisten. Dass er einst an der Friedensgasse einen Verputz erneuerte, hatte Mussolini längst vergessen. Er war nicht in diese Welt gekommen, um im Selnau draussen zu gipsen.

Ich steige die Treppe weiter hinab, und finde mich in einem grossen, hellen Raum wieder, der fast das ganze untere Stockwerk für sich beansprucht. Und wieder diese grossflächigen Fenster, die soviel Licht spenden: Warum hat das schmale, unscheinbare Haus an der Friedensgasse so grosse Fenster? - Hier in diesem Haus war früher einmal die städtische Kunstgewerbeschule, von 1878, als sie gegründet wurde, bis 1895. Die Mal- und Modellierwerkzeuge liegen noch immer bereit: Ein Lehrer, der an der heutigen Kunstgewerbeschule im Kreis 5 unterrichtet, hat hier sein Atelier. Im 1. Stock, dort, wo ich die junge Hausbewohnerin antraf, finde ich den Eingang zum ehemaligen Vorlesungssaal der Kunstgewerbeschule. Doch die Tür ist verschlossen. Niemand darf da hinein, der nicht eingeweiht ist.

Das Haus an der Friedensgasse:
Der junge Mann
Der Kunstmaler Martin Brieger
Die Küche des Kunstmalers
Der Hinterhof (die Feuerwehrleiter im 1. Stock wurde für die Teilnehmer der christlichen Versammlungen angebracht)
Die Sekten

SRI CHINMOY · CENTRE VERLAG
JHARNA-KALA/FOUNTAIN-ART
SRI CHINMOY LAUFCLUB

HERZLICHE EINLADUNG ZU DEN
CHRISTLICHEN VERSAMMLUNGEN

im Saal 1. Stock

Sonntag 9.15 Gottesdienst
10.45 Sonntagsschule

Verkündung von Gottes Wort

jeweils am 1. Sonntag im Monat 15.00
übrige Sonntage:
vom 1. April - 30. September 19.30
vom 1. Oktober - 31. März 17.00
Mittwoch 20.00

Ich horche an der Tür. Ich höre, wie jemand betet. Er betet laut und deutlich, aber ich verstehe ihn nicht. Viele Stimmen wiederholen seine Worte. Er betet weiter, und die vielen Stimmen beten mit ihm. Eine christliche Gemeinschaft hält im ehemaligen Vorlesungssaal ihre Gottesdienst ab. Ich erfahre, dass es eine protestantische Gemeinschaft ist und dass sie schon seit Jahrzehnten besteht. Sie grenzt sich ab von der Kirche, sie ist eine Kirche für sich. Sie hat eine strenge Moral. Die Kinder werden im Geiste der Gemeinschaft erzogen. Ganze Familien, ganze Sippschaften sind dabei, lasse ich mir sagen, wohlhabende Zürcher Geschäftsleute zählen zu ihren Mitgliedern. Doch die Gemeinschaft ist in der Oeffentlichkeit wenig bekannt, ja, sie scheint nicht einmal einen Namen zu haben. Aber es gibt sie, unten am Hauseingang hängt ein Schild, und im Keller des Hauses lagern die Weinflaschen für das Abendmahl. Ein Harass Merlot del piave, Fr. 2.30 die Flasche; ein christlicher Preis. Und auf einmal füllt sich der verlassene Hinterhof mit schwerem Gesang.

73

Es ist der Gesang der Sekte, der aus den Fenstern des 1. Stockes gegen die Hinterhofmauern schlägt. Der Hinterhof dröhnt und zittert. Dann auf einmal ist der Gottesdienst zu Ende. Stühle werden gerutscht, Türen auf und zugemacht, und aus dem Hauseingang treten die Christen. Sie gehen an mir vorbei, aber ich sehe ihnen nichts an.

Einen Moment bleibt es still, und ich benütze den Moment, um den wunderlichen Ort rechtzeitig zu verlassen und ins Selnau zurückzukehren. Doch als wäre es nicht genug, dringen aufs neue fremde Klänge an mein Ohr. Es sind fernöstliche Singsänge diesmal, sie kommen aus dem Haus nebenan, und ein Schild am Hauseingang liefert die Erklärung: Das *Sri-Chinmoy-Center. Sri-Chinmoy-Laufclub* heisst es weiter, und mir kommen die jungen Männer in den Sinn, die im Traineranzug durchs Quartier joggen: Sie joggen mitten durch den Stossverkehr, sie atmen die schlechte Luft und sie laufen wie die Gehetzten, aber auf ihrem Traineranzug prangt das kleine Bildnis des indischen Meisters. Sie rennen aus religiöser Ueberzeugung, und eigentlich wäre es doch ganz interessant zu erfahren, warum ihnen der indische Meister das Joggen in der City gebietet und was das für junge Menschen sind, die ihm so gehorchen - doch nein, ich will das alles gar nicht wissen, denn eigentlich sind mir diese Sekten alle zuwider, ihre Rituale stossen mich ab, und ich will mit ihnen überhaupt nichts zu tun haben.

Mit den Juden im Quartier ging es mir ähnlich. Aber mein Verhältnis zu ihnen hat sich gewandelt. Wie es dazu kam, möchte ich näher erzählen.

Die Juden

Als ich ins Selnau zog, war es das erste, was mir auffiel: die vielen Juden im Quartier. Erst später fand ich heraus, dass nur die wenigsten hier wohnen: nur etwa 5% der Selnauer sind jüdischen Glaubens. Aber einige von ihnen haben geschäftlich hier zu tun, und die meisten kommen jeweils am Freitagabend und am Samstag in die Synagoge an der Freigutstrasse. Obwohl ich den Juden täglich begegnete, blieben sie mir fremd. Ich wusste nicht, was ich von ihnen denken sollte. In ihrer dunklen Einheitskluft, mit ihren steifen Hüten und Bärten, ihren oft bleichen Gesichtern, fand ich sie etwas unheimlich. Auch die Hütte bei uns im Hinterhof fand ich ziemlich seltsam.

Eines Tages im September begannen unsere jüdischen Nachbarn unten im Hof eine Hütte zu bauen. Sie gaben sich viel Mühe, sie hämmerten und werkelten bis in die Nacht hinein, und an den darauffolgenden Abenden machten sie weiter. Am seltsamsten fand ich, dass sie die Hütte zuletzt mit einem aufklappbaren Dach bedeckten. In der Hütte feierten sie dann das jüdische Laubhüttenfest. Das Dach blieb offen, wie es offenbar dem jüdischen Brauch entspricht. Aber warum feierten sie dann nicht gleich im Freien? - Ich begriff diese Juden nicht und fühlte mich Welten von ihnen entfernt.

Bis ich dann im vergangenen Sommer anfing, die Selnauer Männerbadeanstalt zu benützen. Wieder war es das erste, was

Die Synagoge der Israelitischen Religionsgemeinschaft IRG, direkt neben dem "Freigut" an der Freigutstrasse. Die Mitglieder der IRG sind strenggläubig, haben sich deshalb bereits im letzten Jahrhundert von der Israelitischen Cultusgemeinschaft getrennt und eine eigene Gemeinschaft gegründet. 1924 haben sie im Selnau ihre Synagoge erbauen lassen.

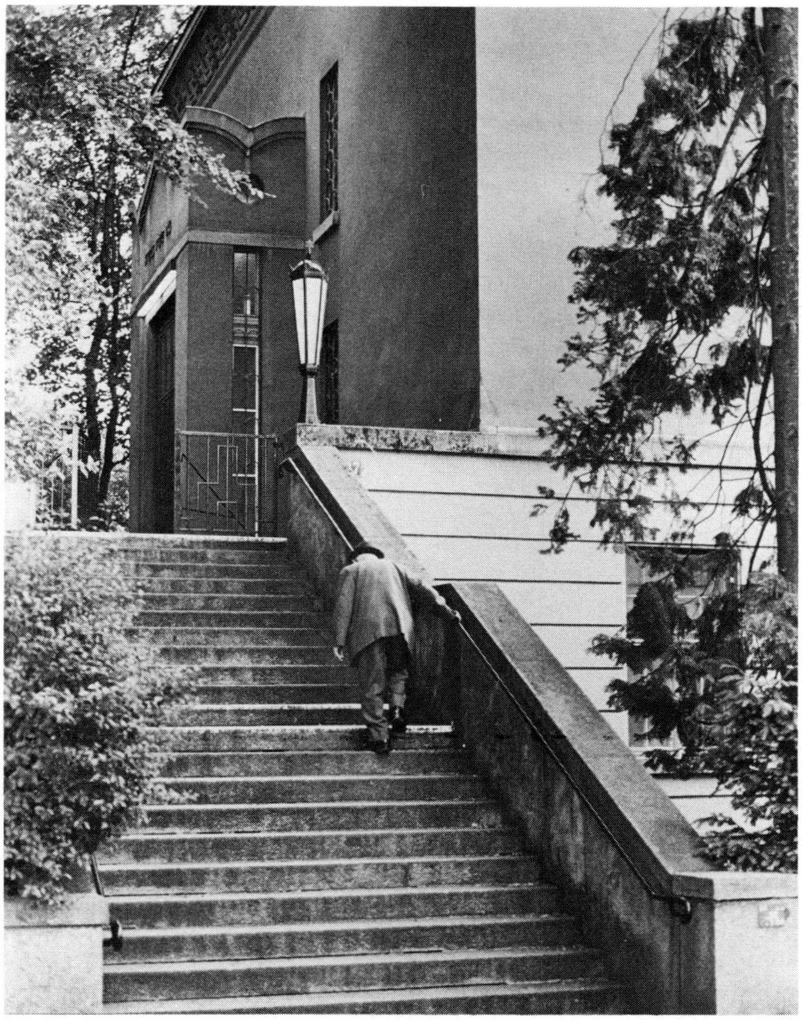

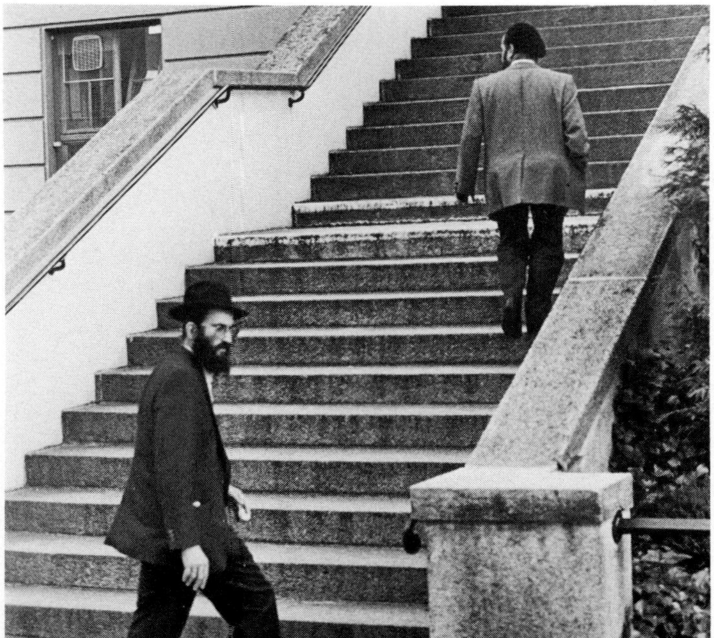

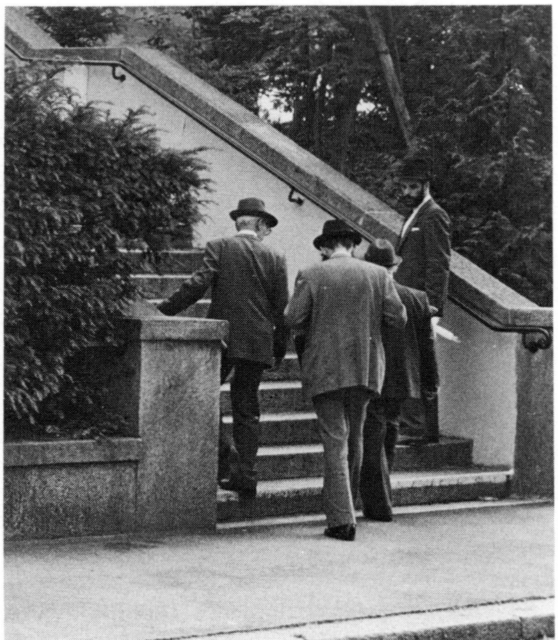

mir auffiel: die vielen Juden. Warum kamen sie denn alle ins Männerbad? Weil strenggläubige Juden nicht in gemischte Badeanstalten gehen. Allein dieser Tatbestand hätte mich eigentlich aufs neue befremden müssen, aber es geschah das Gegenteil - die jüdischen Männer wurden mir immer vertrauter, mit jedem Mal, wo ich sie in der Selnauer Badanstalt antraf. Ich erlebte sie aus nächster Nähe, ich sah sie entblössten Hauptes, halbnackt wie alle anderen Badegäste, halbnackt wie ich selbst - ich teilte das Wasser mit ihnen, die Dusche, das Pissoir, die Garderobenhaken, ich war mit ihnen zusammen in dieser Badanstalt, es gab diese eine kleine Gemeinsamkeit zwischen uns, und darauf kam es an. Noch immer waren sie anders als ich, noch immer hatten sie ihre Schläfenlocken und ihre dunklen Anzüge, die sie selbst bei grösster Hitze trugen - aber das alles störte mich nicht mehr. Die Selnauer Badanstalt brachte meine Vorurteile ins Wanken, und inzwischen möchte ich mir das Selnau ohne Juden schon gar nicht mehr vorstellen.

Die Badanstalt

Manchmal habe es mehr jüdische als andere Badegäste, erzählt mir der Badmeister, aber das störe niemanden hier. Juden und Christen hätten sich sogar schon zum gemeinsamen Schachspiel zusammengefunden. Allerdings gab es auch schon Krach um das Schach, weil es die Juden zu oft für sich beanspruchten, was andern Badegästen in den falschen Hals ging und der alten Behauptung Auftrieb gab, die Juden hätten das Bad sowieso am liebsten für sich aufgekauft...

Die Selnauer Männerbadeanstalt nimmt solche Vorfälle gelassen, sie hat vieles schon erlebt, denn es handelt sich hier um die amtsälteste Zürcher Badeanstalt. 1857 wurde sie erbaut, noch vor der Entstehung des Selnauquartiers und mehrere Jahrzehnte vor den ersten Badanstalten am See. Es war von Anfang an ein Männerbad, denn früher gab es nur getrennte Badanstalten, und bevor die ersten Strandbäder eröffnet wurden, gingen die Männer aus der Altstadt alle in die Selnauer Badi. Ein alter Stammgast, der als Bub in der Altstadt wohnte, erinnert sich, dass er hier schwimmen lernte. Obwohl er heute in Leimbach wohnt, ist er dem Bad treu geblieben, kommt bei schönem Wetter täglich hierher. Er ist nicht der Einzige. Die alten Männer, die seit Jahren und Jahrzehnten hierherkommen, prägen das Bild der Badi nicht weniger als die Juden. "Für mich ist es die AHV-Badeanstalt", sagt einer der Alten. "Wir kennen uns alle, und jedesmal, wenn einer nicht mehr kommt, sagen wir, *oha, jetz häts wider eine putzt.*" Im Herbst, wenn die Badi schliesst, wechseln die Stammgäste ins gegenüberliegende Hallenbad, wo sie den nächsten Frühling abwarten.

Als Bub, erinnert sich einer, sei er immer in die Selnauer Badi gekommen, weil es hier gratis war. Im Strandbad am See kostete der Eintritt 20 Rappen. Die Selnauer Badanstalt ist heute noch gratis, obwohl sie über ähnlichen Komfort verfügt wie andere Badeanstalten. Trotzdem wird sie im allgemeinen als eher zweitklassige Badeanstalt betrachtet, vielleicht, weil es nur eine Flussbadi ist, weil sie von hohen Bäumen umgeben ist und deshalb oft im Schatten steht, was ihr den Anstrich eines modrigmoorigen Waldbades gibt; vielleicht auch, weil sie bezüglich Einrichtung nicht auf dem neuesten Stand der Technik ist. Das Bad ist praktisch ganz aus Holz gebaut und renoviert wurde stets nur das Notwendigste. Gerade deshalb kommen die alten Männer so gern hierher: Es ist bis heute ihre Badi geblieben. "Ich komme seit siebenundvierzig Jahren", sagt ein Alter, "immer wieder hiess es, die Badanstalt am Schanzengraben kommt weg. Aber es geschah dann doch nie etwas."

Der Graben

"Der Schanzengraben", schrieb die NZZ am 21. 11. 1952, *"ist immer wieder Gegenstand einer eifervollen Diskussion. Über das, was mit ihm zu geschehen habe, stehen sich zwei Auffassungen gegenüber: Die einen wollen den Schanzengraben erhalten wissen, die andern meinen, es wäre nun angezeigt, ihn zu überdecken."* Wer die Überdeckung befürworte, gehe davon aus, dass der Schanzengraben ein *"Kanal mit träger Strömung ist, eingeengt durch Randüberbauungen und baulich schon so zerfallen, dass sich eine Erhaltung nicht lohnt"*. Ausserdem sei der Schanzengraben in einer modernen Stadt wie Zürich *"funktionell wertlos geworden"*. Er solle deshalb mit Parkplätzen überdeckt werden, womit das Problem des Parkplatzmangels in der City schlagartig gelöst wäre.

Die Gegner einer Überdeckung argumentieren, der Schanzengraben sei ein *"historisches Baudenkmal, das nicht leichthin geopfert werden darf"*. Dem *"flutartigen Anwachsen"* der City seien schon genug Baudenkmäler *"unüberlegt hingegeben wor-

Das Selnauer Männerbad.

den". Auch die NZZ ist gegen eine Überdeckung des Grabens und wehrt sich gegen die Behauptung, der Stadtgraben sei funktionell wertlos geworden: *"Die funktionelle Bedeutung darf nicht im Bereich des Verkehrs gesucht werden. Die Bedeutung des Schanzengrabens ist in ästhetischer Hinsicht zu erfassen"* Und weiter heisst es: *"Das Problem der Verkehrsnot in der City kann ohnehin nicht dadurch gelöst werden, dass in der City grosse Parkierungsplätze angelegt werden, durch die folglich noch mehr Fahrzeuge ins Stadtinnere gezogen werden."* Gerade weil der Verkehr in der City immer mehr zunehme, müsse der Schanzengraben als Grünfläche erhalten bleiben. Die NZZ befürwortet die Idee einer Fussgängerpromenade entlang des Schanzengrabens: *"Dieser Weg wird für die Fussgänger ein Ausweg aus der Elementarkatastrophe des Verkehrs in unserer Stadt sein",* heisst es im Artikel vom 21. 11. 1952.

Wenige Monate zuvor hatte der Gemeinderat eine Motion des Selnauers Nikolaus Rappold überwiesen, entlang des Stadtgrabens einen beidseitigen Uferweg zu erstellen, um so eine *"verkehrsfreie Verbindung vom See bis zum Hauptbahnhof zu schaffen".* Dann geschah nichts mehr. Die Projektierung des Fusswegs wurde verzögert, jene, die den Schanzengraben doch überdecken wollten, bekamen Auftrieb.

Eine neue Idee fasste Fuss. Im Hinblick auf das *Eidgenössische Musikfest* 1957, die *Saffa* 1958 und die *Schweizerische Gartenbauausstellung* 1959, die alle in Zürich geplant waren, gelangte der Verkehrsverein an den Stadtrat, mit dem Wunsch, den Schanzengraben schiffbar zu machen. Die *"originelle Wasserverbindung"* würde bestimmt zu einer *"erwünschten und bleibenden Attraktion unserer Stadt".* Völlig neu war die Idee nicht. In den *"Jugenderinnerungen eines alten Zürchers"* von Hartmann Rordorf findet sich der Hinweis, dass bereits 1875, zur Eröffnung der Üetlibergbahn, der Schiffsvermieter Weber

Der Schanzengraben auf der Höhe des heutigen Männerbades. Rechts ein Teil der Stadtbefestigung, links im Bild der 1724 erbaute Wasserturm, der heute noch steht. Das Bild stammt vermutlich aus dem Jahre 1724.

eine Schiffsverbindung zum damals sehr abgelegenen Bahnhof Selnau einrichtete. Bei der Rampe, die heute noch von der Selnaustrasse zum Schanzengraben hinabführt, legten die Boote an. Wieder war es neben anderen die NZZ, die sich für eine Schiffbarmachung einsetzte: *"Leben wir heute in einer so phantasielosen Zeit, dass eine solche beschauliche Fahrt nicht mehr möglich wäre?"*

Mit dem Schiff vom Selnau zum HB, kein Umsteigen mehr am Stauffacher, eine direkte Verbindung mitten durch die City und doch abseits von ihr, dem sich selbst überlassenen Flusslauf entlang: Die Idee tönte verlockend. Niemand müsste sich heute über die schlechte Verkehrslage des Selnaus beklagen, und niemand wäre je auf die Idee gekommen, die Sihltalbahn bis zum HB zu verlängern. Am Schanzengraben würde man ins Schiff umsteigen.

Es gab nur noch ein Problem: Das Männerbad stand im Weg. Die NZZ kam in ihrem Bericht zum Schluss, da das Bad ohnehin *"halbzerfallen und alles andere als eine Zierde"* sei, könnte man es – zusammen mit der dahinterliegenden Schleuse – problemlos abbrechen. Der Seeweg zum Hauptbahnhof wäre frei gewesen.

Die Idee der Schiffbarmachung wurde dann – vor allem aus finanziellen Gründen – doch nicht ernsthaft weiterverfolgt. Auf den Abbruch der Selnauer Badeanstalt wurde ebenfalls verzichtet.

Die Fortsetzung des Bildes von Seite 78, zweieinhalb Jahrhunderte später. Die Stadtmauer steht noch immer, und auch der Schanzengraben blieb erhalten – trotz hartnäckiger Versuche in jüngerer Zeit, ihn zu überdecken.

Der Weg

Die Schanzengraben-Promenade war längst beschlossene Sache, aber solange sie nicht gebaut wurde, verstummten die Stimmen nicht, die für eine Überdeckung waren. Noch 1959 schlug in der NZZ ein Leser vor: *"Entfernung des Trams aus der Innenstadt und Verlegung sämtlicher Tramlinien in den Schanzengraben, vierspurig, direkt unter Niveau. Ins zweite Untergeschoss, das heisst ins Flussbett, würde eine Expressstrasse (Nord-Süd-Achse) bis zum Platzspitz gelegt. Der Schanzengraben würde zugedeckt und à niveau eine Ringanlage bis zur Gessnerbrücke erstellt. An beiden Seiten der Ringanlage könnte man sich eine Einkaufsstrasse mit Läden ohne Fahrverkehr vorstellen. ... Der ganze Vorschlag würde die Verkehrsverhältnisse links der Limmat bedeutend verbessern und dürfte leicht ausführbar sein. Die Ringanlage mit den Einkaufsläden dürfte die Innenstadt mehr verschönern als ein Kanal, der doch nur wenig beachtet wird."*

Einer, der im Selnau seine Jugendzeit verlebte, der inzwischen verstorbene *Max Schreck,* gab im Tages-Anzeiger vom 1. 5. 1959 eine indirekte Antwort auf den Vorschlag des NZZ-Lesers:

"Noch heute bleibe ich jedesmal wie gebannt stehen, wenn ich vom Selnau durch den Badweg zur Sihlporte hinübergehe. Dann vergesse ich die Zeit und schaue, wie das Wasser bei den Schleusen des Schanzengrabens strudelt und wirbelt und gischt und schäumt. Den paar neunmalklugen 'Neu-Zürchern', die dem Schanzengraben mit seinen angeblich trägen Wassern den Garaus machen und seine Poesie dem Grossstadtfimmel opfern möchten, sei ein besinnliches Viertelstündchen bei diesen Schleusen empfohlen."

Der Schanzengraben, vom See her betrachtet, mit Selnaubrücke.

Erst in den Siebziger Jahren wurde der Bau der Schanzengraben-Promenade in Angriff genommen. Die Bauarbeiten wurden in mehreren Etappen durchgeführt. Man liess sich Zeit. Das hatte seine Vorteile, wie sich inzwischen herausstellte: Der erste Teil des Weges, bis zur Selnaubrücke, wurde noch in Beton ausgeführt. Hätte man damals sofort weitergearbeitet, wäre heute wohl die ganze Schanzengrabenpromenade in purem Beton gehalten. So aber wurde nun das verbleibende Wegstück ab Sihlporte als einfacher Holzsteg geführt, direkt dem Wasser entlang bis zur Usteribrücke beim Löwenplatz. Ein weiteres kleines Beispiel dafür, dass gewisse Auffassungen in den letzten Jahren ins Wanken geraten sind. *Holz isch heimelig.*

Die Grenze

Von einer Überdeckung des Schanzengrabens redet heute niemand mehr. Wäre es soweit gekommen, hätte sich die City sozusagen hemmungslos ins Selnau hinein ausdehnen können, denn durch die Überdeckung wäre ein nahtloser Übergang zwischen City und Selnau geschaffen worden, und schon bald wäre wohl in Vergessenheit geraten, dass das Selnau tatsächlich mehr als nur eine Ansammlung von Strassen und Häusern ist, dass es sogar einen eigenen Namen und eine eigene Geschichte besitzt.

Derselbe Schanzengraben, mit dem sich die Stadt einst vom Selnau abgrenzte, erlaubt es nun dem Selnau, sich seinerseits von der Stadt abzugrenzen, bewahrt das Quartier weiterhin vor dem ärgsten Übermut der City, bildet eine symbolische Grenze, die ihm hilft, trotz allem ein wenig sich selber zu bleiben.

Der Schanzengraben in seinem letzten Abschnitt zwischen Sihlporte und Bahnhof.

Der Ausgleich

Wäre dieser Schanzengraben nicht, ich wüsste nicht, was mir das Selnau wert wäre. Der Schanzengraben, die Badanstalt, der Park des Völkerkundemuseums, dieses ganze Gebiet erinnert mich täglich daran, dass es noch etwas anderes gibt als nur Asphalt, Häuser und von Menschenhand Geschaffenes. Es ist mein Naherholungsgebiet. Wenn ich Richtung Hauptbahnhof gehe, nehme ich nur selten den oberirdischen Weg, meistens gehe ich dem Männerbad entlang Richtung Sihlporte, am Wasserturm vorbei und hinab zum Graben, direkt ans Wasser, das mich jedesmal wie magisch anzieht. Es fliesst träge dahin, aber es fliesst, es strömt, steht nicht still wie die Häuser und Strassen, es bewegt sich. Ein Fluss ist es nicht, eher ein Flüsschen, ein Bach, wo man bis auf den Grund sieht, wo man die Kieselsteine sieht und die Fische. Ich brauche diesen Kontrast, bin froh um dieses eigentümliche Tobel mitten in der Stadt. Der Weg dem Bach entlang, das Glitzern des Wassers im Sonnenlicht, diese unverhoffte Friedlichkeit im Versteck zwischen Bäumen und Stadtmauern, das tut gut. Dieser Weg ist ein Geheimtip.

Auch Richtung See nehme ich oft den Schanzengrabener Schleichweg. Er verläuft in unmittelbarer Nähe von der Bahnhofstrasse, aber wie verschieden ist er von ihr! Am Schanzengraben unten verschieben sich die Perspektiven, und der Gedanke, dass nur wenige Schritte davon entfernt eine der wichtigsten und reichsten Strassen der Welt sein soll, wird fast unvorstellbar. Tagsüber ist dieser Teil des Schanzengrabens ziemlich belebt, aber abends und an den Wochenenden ist es hier so menschenleer wie überall in dieser Gegend. Das liegt wohl daran, dass hier so wenig Leute wohnen, aber vielleicht liegt es auch daran, dass nur die wenigsten Leute überhaupt jemals auf die Idee kommen, sie könnten zur Abwechslung dem Schanzengraben entlanggehen. Die Gewohnheiten sind stärker und in der City hat man sich an Strassen gewöhnt: Fusswege sind heute etwas Aussergewöhnliches.

Die Privatsphäre

Mit der Badanstalt ging es mir ähnlich. Ich wusste zwar von ihr, aber ich wäre nie auf die Idee gekommen, sie zu benützen, ich zog die Seebäder vor. Das war im ersten Jahr. Im zweiten Jahr, als ich wahrzunehmen begann, dass ich in einem Quartier wohne, als ich dieses Quartier für mich zu entdecken begann, kam ich eines Tages auf die seltsame Idee, das Männerbad auszuprobieren. Einfach so. Der See war mir plötzlich zu weit, die Neugierde auf einmal stärker als die Gewohnheit, also ging ich, und seither gehe ich im Sommer jeden Tag.

Als ich die Badi zum erstenmal an einem Sonntagnachmittag besuchen wollte, war sie geschlossen. Wie immer an Sonntagnachmittagen, fand ich heraus. Daran wollte ich mich nicht gewöhnen, das kam mir nun vor, als würde mir meine eigene Badewanne verweigert und ich beschloss, dass ein Selnauer zur Selnauer Badeanstalt unbeschränkten Zutritt hat. Seither gehe ich

Das Selnauer Männerbad, vom Park des Völkerkundemuseums aus betrachtet.

auch an Sonntagnachmittagen, steige übers Dach in die verträumt vereinsamt daliegenden Gefilde hinab, wähle aus hundert leeren Garderobehaken den passenden aus und habe eine ganze Badanstalt für mich allein, umgeben und geschützt von den grossen alten Bäumen, den grossen alten Schanzengrabenmauern; wäre nicht die automatische Uhr an der Mauer angebracht, ich müsste annehmen, die Zeit sei stehengeblieben. Ganz allein bin ich nicht, denn kaum sind die Menschen gegangen, kommen die Enten, Möven, Spatzen, Tauben, kleine Fische in grossen Schwärmen, fast das gesamte Selnauer Tierleben — versammeln sich alle in der Badanstalt und lassen sich durch ein Einzelexemplar der Gattung Mensch nicht sonderlich beirren.

Dass ich der einzige Vertreter meiner Gattung bin, ist mir gerade recht, ich schätze dies kleine Stück Privatsphäre mitten in der City. Das Gefühl, etwas für sich allein entdeckt zu haben, ist ein seltenes Gefühl, vor allem hier in der Stadt, wo doch alles längst entdeckt, begangen und besetzt ist, wo scheinbar nichts mehr bleibt, von dem niemand weiss. Aber von den idyllischen Sonntagnachmittagen im Selnauer Bad weiss niemand ausser mir. Dem jungen Mann, den ich an einem dieser Sonntagnachmittage im Bad antraf, sei verziehen, denn er suchte dasselbe wie ich. Fast hatte ich ein schlechtes Gewissen, ihn gestört zu haben. Ich liess mich am entgegengesetzten Ende der Badanstalt nieder.

Oberhalb der Badanstalt, wo der Park des Völkerkundemuseums liegt, stehen gelegentlich die Sonntagsspaziergänger, schauen hinab in den Schanzengraben und wundern sich über den einsamen Badegast. Wenn meine Geliebte mit mir ist, wundern sie sich noch mehr, ist doch eine Frau in einem Männerbad eher eine Seltenheit, was die Situation für uns geradezu reizvoll macht. Was die Moral betrifft, so halten wir es mit den Selnauer Klosterfrauen, denn wo im Selnau die Sittlichkeit herrschte, war auch die Sünde nicht weit. Eines Abends, die Badanstalt war schon geschlossen, gelüstete uns nach einem stillen Bad zu zweit. Wir wollten eben übers Dach steigen – und trauten unseren Augen nicht: Direkt vor uns auf dem Dach stand ein Jude, vorschriftsmässig gekleidet, im Begriff, illegal in die Badanstalt einzusteigen. Unten waren schon seine zwei Söhne, die ihm Anweisungen erteilten, wie er am besten herunterkomme. Dieser strenggläubige Jude, der da in der Abenddämmerung auf dem Dach der Selnauer Männerbadeanstalt stand, das war ein sehr sonderbares Bild, ein verrücktes, aber irgendwie typisches Bild für das Selnau.

Der alte Botanische Garten mit Haus und Gewächshaus, erbaut 1836 nach Abtragung der Schanzen (Stadtbefestigung). Im Hintergrund das ehemalige Bollwerk zur Katz. Das Bild von J. J. Falkeisen entstand um 1855, unmittelbar nach dem Bau der Selnaubrücke. Das Wohnhaus links im Bild war eines der ersten neuen Wohnhäuser im Selnau.

Das Naturreservat

Es ist unser Park. Obwohl er sich bereits jenseits des Schanzengrabens, auf Citygebiet, befindet, gehört er doch irgendwie zum Selnauquartier. Der Park ist mein stärkstes Argument gegen den Auszug aus der Stadt. Immer dann, wenn uns die City zuviel wird, wenn uns auch die Topfpflanzen in der Wohnung und der Garten auf dem Dach nur noch schmerzhaft in Erinnerung rufen, was uns hier eigentlich am meisten fehlt, dann bleibt mir ein Argument: Wir haben ja immerhin den Park . . .

Dieser Park ist etwas Besonderes, denn nicht jeder Stadtpark wurde als Botanischer Garten angelegt, nicht jeder Park ist deshalb so vielfältig und dicht, so voller Seltenheiten. Wie oft habe ich mich schon in diesen Park zurückgezogen, habe ihn durchstreift in der Dämmerung, die Schuhe ausgezogen, das Gras unter meinen Füssen gespürt, tief eingeatmet, die vielen Gerüche in mich aufgesogen, als müsste ich mir Sauerstoff auf Vorrat holen, wie oft habe ich mich hier schon *erholt!*

Einst war an der Stelle dieses Parks ein Moränenhügel, dann, beim Bau des Schanzengrabens im 17. Jahrhundert, wurde er mit der ausgehobenen Erde beladen, wurde *Bollwerk zur Katz* genannt, diente fortan als markanter Eckpfeiler der Stadt, als Wachthügel und Kanonenstandort im Kriegsfall. Einige Schiessscharten sieht man heute noch. 1836, als es keine Kriege mehr gab, wurde auf dem Hügel der Botanische Garten eingerichtet, und seit einigen Jahren ist nun das Völkerkundemuseum hier. In den Jahren, als die City immer übermütiger wurde, es ist noch gar nicht lange her, gab es Kreise, die den ganzen Hügel am liebsten abgetragen hätten. Die oberste Erdschicht wäre dann wieder dort gelandet, wo sie herkam: Im Schanzengraben. Zwei

Fliegen gleichzeitig wären das gewesen: Hügel weg, Stadtgraben weg, alles flach, alles klar. Eines der letzten Naturreservate in der Zürcher City wäre liquidiert gewesen. Es kam nie soweit.

Die Besinnung

Eines Abends, als ich ein wenig für mich sein wollte, ging ich in den Park und kam sogleich, wie fast jedesmal in diesem Park, in eine versöhnliche, alles verzeihende Stimmung, fühlte mich leicht und grosszügig. In der Nähe des Gewächshauses setzte ich mich auf eine Bank — gegenüber, im Dämmerlicht, sah ich das Selnauquartier, im Vordergrund das ehrwürdige, leicht vergreiste Westend-Haus, und daneben, gross und stark, das Selnauer Hochhaus. Jetzt, unter Berücksichtigung der Stimmung, in der ich mich befand, fand ich es richtig schön. Es gefiel mir, obwohl es direkt vor dem Park in die Höhe wächst, und ein grosses Stück Aussicht versperrt. Aber ist es nicht selber ein Stück Aussicht geworden, gehört es nicht ebenso zum Selnauer Panorama wie alles andere? — Wenn schon, dachte ich, hätte man das Hochhaus damals ablehnen müssen, bevor es gebaut wurde. Jetzt steht es da, ein Stück Quartiergeschichte, ein Stück Selnau, und wer sich heute noch darüber ärgert, ist selber schuld. Man darf es auch schön finden.

Ich ging dann zur Stelle, wo man in die Badanstalt hinuntersieht. Das Bad lag dunkel und verlassen da, gegenüber der Wasserturm, dahinter, versteckt hinter den Bäumen, die Gebäude des alten Tierspitals, rechts das ehemalige Henkershaus mit dem Gemüsegarten und ganz rechts das Hallenbad. Ich versuchte, mir vorzustellen, wie das alles einmal aussehen würde, wenn die Börse käme, dieser Klotz, der dies alles überragen und verdrängen würde, und es war mir klar, dass dieser Eingriff zu gross wäre und dass ich diese Börse nicht will.

Im Gewächshaus des alten Botanischen Gartens.

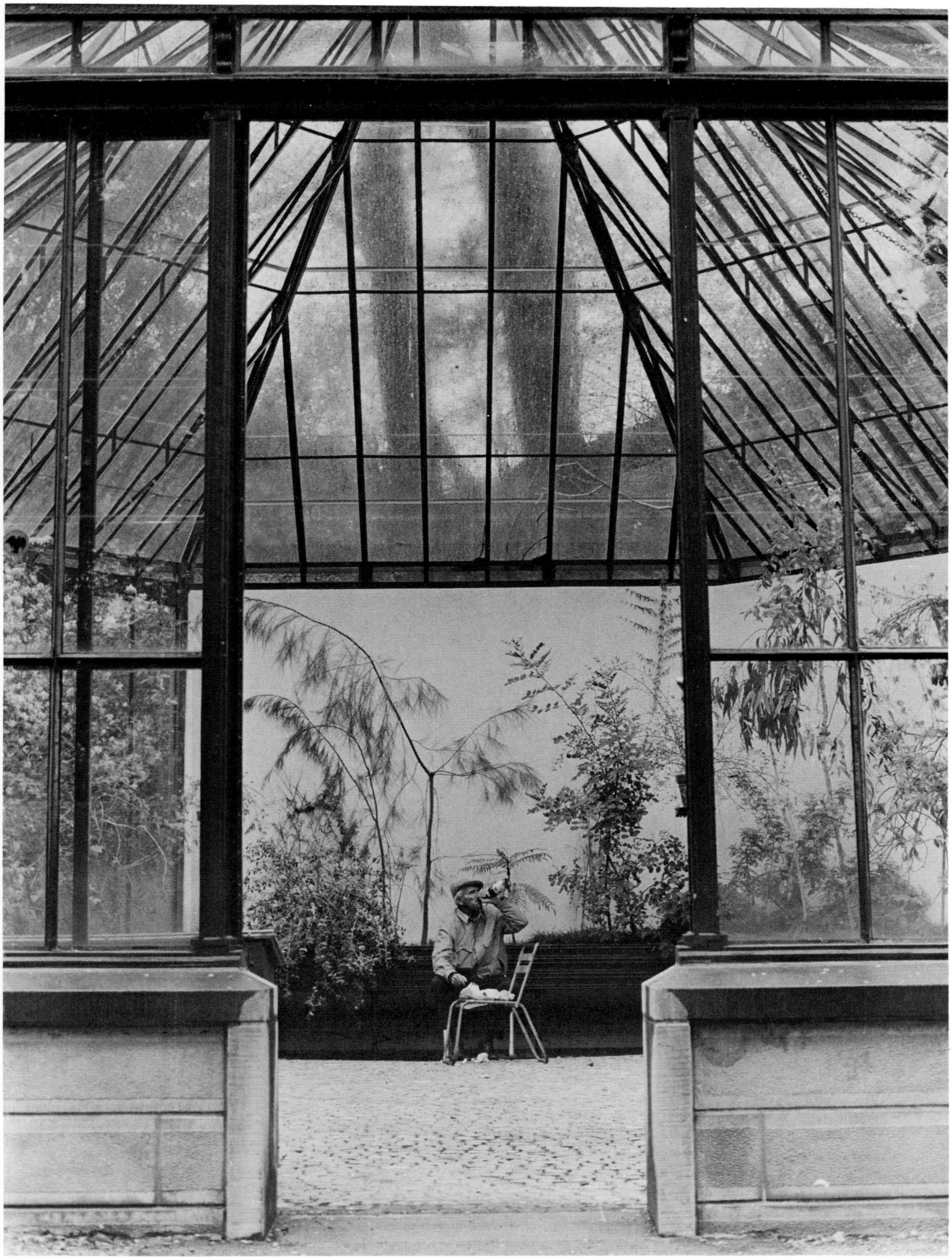

Modellansicht Selnau. Die schraffierte Fläche zeigt ungefähr das freiwerdende Areal, das zur Diskussion steht: Im unteren Bildteil das Areal des Kriegskommissariates, wo die Börse geplant ist, im oberen Bildteil das Areal des Bahnhofs Selnau. Links im Bild der Park des Völkerkundemuseums, der die Diskussion ebenfalls mitbestimmen dürfte.

Die Möglichkeiten

Noch ist die Börse nicht gebaut, und ob sie je gebaut wird, ist noch völlig offen. Unklar ist nach wie vor, wohin das Kriegskommissariat verlegt werden soll, unklar ist, ob die Stimmbürger des Kantons Zürich dem Börsenprojekt zustimmen werden. Eine 1982 eingereichte Initiative der städtischen SP verlangt ausserdem für das umstrittene Areal einen *"mindestens 80%-igen Wohnflächenanteil"*. In einer Stellungnahme der SP heisst es, das Areal solle für die Erstellung von *"preiswertem Wohnraum"* verwendet werden, denn *"die Umgebung – Botanischer Garten, Hallenbad, Freibad – ist hochwertig und kinderfreundlich"*.

Aber nicht alle, die gegen den Börsenneubau sind, wollen stattdessen Wohnungen. Es gäbe auch andere Möglichkeiten. Zum Beispiel der Vorschlag von Fredi Schurter, Sohn des Hans Schurter, und Kaspar Landolt, Sohn des Felix Landolt. Beide sind im Selnau aufgewachsen, beide besuchen das Gymnasium Freudenberg und haben für die Schule eine Arbeit zum Thema *"Grünräume – Freizeiträume"* gemacht. Sie gehen davon aus, dass dem Expressstrassenbau in der Sihl weitere Grünräume zum Opfer fallen würden, dass deshalb an anderer Stelle – *"in nächster Umgebung"* – neuer Grünraum geschaffen werden sollte. *"Weil der Bau der Börse sehr umstritten ist"*, schreiben die beiden Schüler in ihrem Bericht, *"wäre es ein Leichtes, dieses Projekt fallenzulassen und aus dem Areal eine Parkanlage zu ma-*

chen. Durch eine kleine Brücke über den Schanzengraben könnte dieser Park dann mit dem ehemaligen Botanischen Garten verbunden werden."

Es geht nicht nur um das Areal des alten Tierspitals. Aktuell geworden ist auch das Areal des heutigen Bahnhofs Selnau. Wenn der neue, unterirdische Bahnhof gebaut ist, wird das Areal frei. Es gehört der Stadt, während das andere, für die Börse bestimmte Areal dem Kanton gehört. Beide Gebiete liegen unmittelbar nebeneinander, sie gehören zusammen und dürften eigentlich nicht getrennt diskutiert werden. Dieses Gelände ist eine Exklusivität, denn wo gibt es das noch, ein Gebiet, von dieser Grösse, so schön gelegen direkt am Fluss an unverbauter Lage und dennoch *mitten in der Stadt*?! – Zürich, das Zürich von *heute,* wird sich hier im Selnau ein weiteres zeitgemässes Denkmal setzen, aber noch ist unklar, welcher Art dieses Denkmal sein wird, mit anderen Worten: ob spätere Generationen von einem Denkmal – oder von einem Mahnmal sprechen werden. Vom Selnauquartier jedenfalls wird in nächster Zeit öfters die Rede sein.

Das freiwerdende Areal aus Selnauer Sicht. Im Hintergrund die Gebäude des Kriegskommissariates.

Das Verständnis

Noch immer sitzen wir draussen im Garten vor dem Selnauer Schloss, kommen darauf zu sprechen, wie rasch sich Zürich in wenigen Jahrzehnten verändert hat — und werden uns, fast ein wenig schmerzlich bewusst, dass wir zwei verschiedenen Generationen angehören, die Zürichs Entwicklung sehr verschieden erlebt haben. Felix Landolt, der Selnauer Schlossherr, der zur Generation meiner Eltern gehört, sagt nachdenklich: "Ich weiss, wir sind die Generation, die für diese ganze Entwicklung verantwortlich ist. Aber wenn uns die Jungen jetzt vorwerfen, wir hätten die ganze Stadt verbetoniert, so ist das ein sehr pauschaler Vorwurf. Eine Sihlhochstrasse zu bauen war sicher ein Fehler, das sieht heute jeder, obwohl damals alle dafür waren. Aber neue Häuser zu bauen, auch Geschäftshäuser, sogar Hochhäuser — das war nicht einfach falsch, auch rückblickend nicht. Eine Stadt muss sich erneuern, man darf aus ihr kein Museum machen, sonst müsste man Eintritt verlangen, damit sie überhaupt noch zu Geld kommt."

Landolt hält einen Moment inne, dann meint er: "Ich glaube, wenn die Jungen, die uns heute so stark kritisieren, vor dreissig Jahren jung gewesen wären, dann würden sie heute anders reden. Ich finde, es braucht ein Verständnis von beiden Seiten. Man muss sich auf einem Mittelweg finden."

Die Suche nach dem Mittelweg wird unerwartet unterbrochen. Über dem Üetliberg haben sich Wolken zusammengeballt,

Selnauer Mauerinschrift.

Felix Landolt im Wohnzimmer des "Freiguts". Die alten Gobeiins an den Wänden sind für Zürcher Verhältnisse höchst ungewöhnlich; es dürften die einzigen sein in der ganzen Stadt.

die Baumkrone über uns wird von Windstössen durchzaust, Äste fallen herunter, alles gerät in ungestüme, wilde Bewegung, ein Sturm zieht auf. Wir wollen uns nicht beirren lassen, wollen weiterreden, aber da fallen schon die ersten Tropfen, über dem Sihltal zucken Blitze, das Donnergrollen rückt näher und fluchtartig ziehen wir uns ins Haus zurück.

Die Vergangenheit

Der Schlossherr führt mich direkt ins Wohnzimmer, und da stehe ich, erstaunt, irritiert, in eine andere Zeit versetzt, in einem Salon des achtzehnten Jahrhunderts mit kostbaren Möbeln und Teppichen, die Wände mit Gobelins überzogen, eine reich verzierte Decke, in ihrer Mitte ein schwerer Kronleuchter. Vielleicht sehe ich mehr, als tatsächlich da ist, aber das liegt an diesem wunderschönen grossen Zimmer selbst, welches die Vorstellungskraft so sehr anregt, wie es ein Zimmer der Gegenwart nie vermöchte.

Ich wusste, dass es solche Zimmer und solche Schlösser noch gibt, sage ich zu Felix Landolt, aber dass sie mitten in der City existieren, mitten in meinem Quartier, um die Ecke sozusagen, wenige Schritte von meiner engen, niedrigen, bescheidenen Drei-Zimmer-Wohnung, wenige Schritte von diesem kleinräumigen Selnauer Schachtelquartier entfernt, auf einmal diese

Grosszügigkeit – das hätte ich nicht erwartet. Dem Schlossherrn ist es recht, er bietet mir einen der Fauteuils an, und ich setze mich, so würdevoll und bedeutsam, wie man sich nur in einen Fauteuil setzt, wenn man in einem Schloss zu Gast ist.

Den Wein haben wir nicht vergessen. Felix Landolt schenkt nach. Er lehnt sich zurück, er nippt genussvoll. Ich tue es ihm gleich, spüre, wie der Wein seine Wirkung tut, fühle mich auf einmal ganz behaglich und schwer. Draussen tobt das Gewitter, und der Regen prasselt an die Scheiben, aber das alles kann mir nichts mehr anhaben; hier, in einem solchen Haus bin ich aufgehoben. Es ist die Vergangenheit, die mich schützt, die Geschichte dieses Salons, der doch schon soviel erlebt und überdauert hat.

Ich fange wieder an, über unser Thema zu reden, das Selnauquartier, versuche den Faden wiederaufzugreifen, vom Mittelweg war doch zuletzt die Rede, nicht wahr, aber dann merke ich, dass sich etwas geändert hat, die Dimensionen haben sich verschoben, ich sehe die Gegenwart und die Zukunft des Selnaus plötzlich in einem ganz anderen Licht und verliere die Orientierung.

Die Zeit

Ich weiss nicht mehr, was wir alles noch geredet haben, ich weiss nur noch, dass sich Felix Landolt irgendwann an diesem Abend erhob und aus dem Büchergestell eine Karte heraussuchte, eine geologische Karte, die über eine Zeit Auskunft gibt, als es die Stadt Zürich und das Selnau noch gar nicht gab. Er zeigte mir eine grün schraffierte Stelle auf der Karte, ungefähr dort, wo heute das Selnau liegt, und erzählte mir diese Geschichte: Man habe sich immer wieder gefragt, erzählte er, warum die alten Häuser an der Flössergasse und Brandschenkestrasse teilweise so schief standen. Den Grund erfuhr man erst nach ihrem Abbruch. Vor ein paar Jahren, beim Aushub für den Erweiterungsbau der Winterthur-Versicherung, stiessen die Bagger unter den obersten Erdschichten auf ein *Torfmoor*. Zufällig und unerwartet offenbarte das Selnau sein ursprünglichstes Gesicht: An seiner Stelle hatte einst, vor sehr langer Zeit, ein Moor gelegen. Später war das Moor zugedeckt worden durch den Schutt des Linthgletschers, und noch viel später liessen sich die Menschen im Selnau nieder: von den Klosterfrauen über die ersten Bewohner des neuen Stadtquartiers bis hin zu den Angestellten der Winterthur-Versicherung. Direkt unter all diesen Menschen, tief unten, während dieser ganzen Zeit, lag das schweigende Moor. Es äusserte sich nie zu den oberirdischen Veränderungen, es war einfach immer da. Als es entdeckt wurde, erfuhren die Bauarbeiten eine empfindliche Verzögerung.

Inzwischen steht die Winterthur-Versicherung längst auf sicherem Boden und nur die wenigsten Selnauer wissen überhaupt von der Existenz ihres Untergrundes. Vielleicht, eines Tages, wenn im Selnau wieder gebaut wird, kommt das Moor erneut zum Vorschein, wird erneut die Bauarbeiten verzögern und daran erinnern, dass es eine Zeit gab, wo im Selnau über der Erde nichts als der Himmel stand. Vielleicht ist diese Zeit gar nicht so fern.

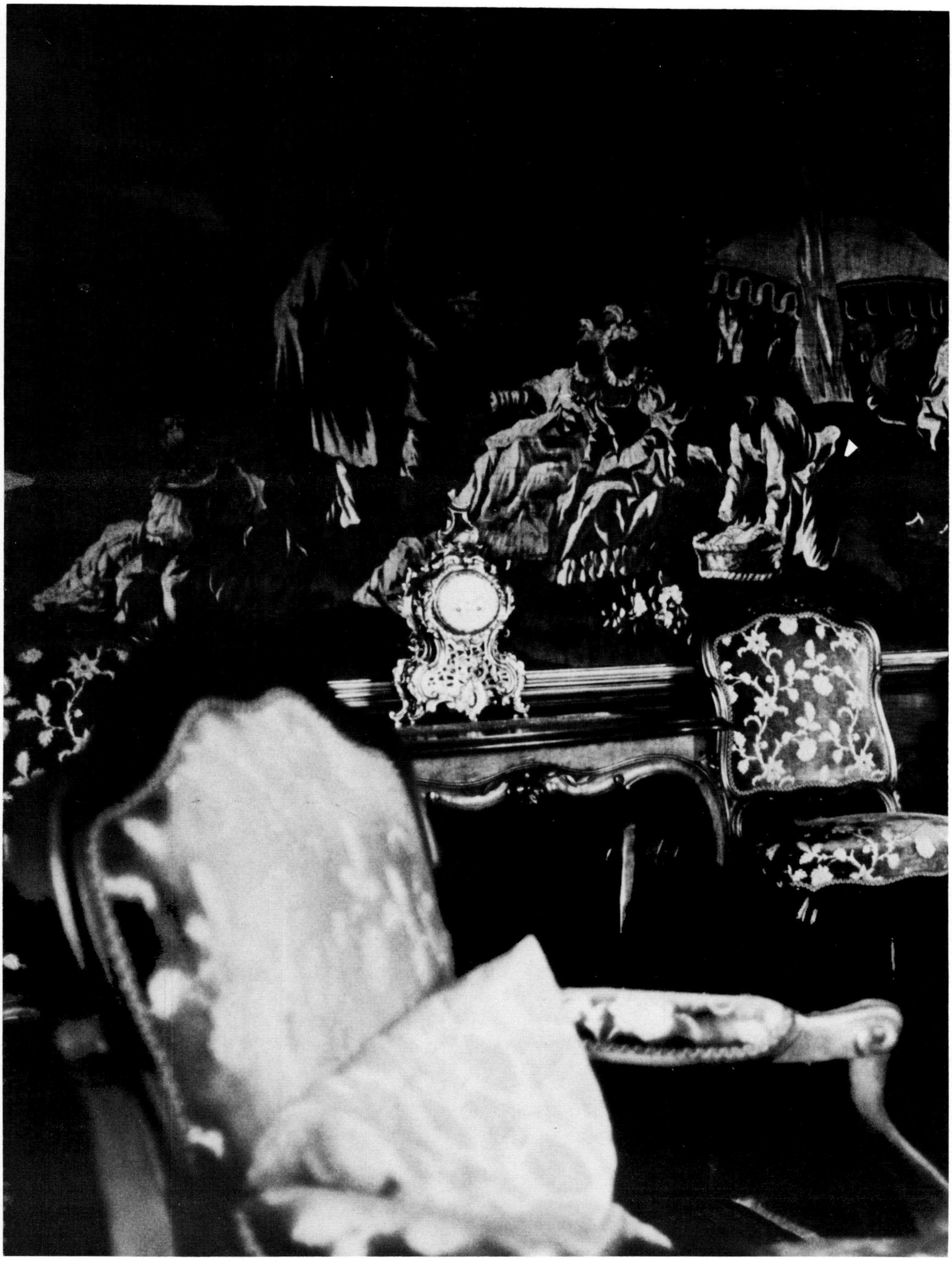

Nachtrag

Die Kinder

Der Quartierladen

Die Wohnstrasse

Das Kino . . .

Die Selnaustrasse
— vorher und nachher

Ecke Selnaustrasse/Brandschenkestrasse, 1938/1984. Der Betrachter steht auf der Brandschenkestrasse und schaut Richtung Stadt. Rechts im Bild die Post Selnau und der Anfang der Stockerstrasse; links um die Ecke beginnt die Selnaustrasse.

Ecke Selnaustrasse/Brandschenkestrasse, 1907/1984. Der Betrachter steht auf der Kreuzung und schaut Richtung Selnau. Die Selnaustrasse verläuft nach hinten links. Die Gebäude der Giesserei Koch wurden 1950 abgetragen.

Selnaustrasse, 1983/1984. Der Betrachter schaut Richtung Bahnhof Selnau. Im Hintergrund die beiden Westendhäuser. (s. auch der Vergleich auf Seite 42/43)

Selnaustrasse 1907/1984. Der Betrachter steht an der Stelle, wo die Friedensgasse in die Selnaustrasse einmündet. Links im Bild das erste Westendhaus. Das Haus in der Bildmitte wurde bereits 1838 gebaut und 1940 abgebrochen.

Selnaustrasse und Bahnhof Selnau, 1923/1984. Der Betrachter schaut Richtung See/Enge. Das Sihlamtsgebäude wurde 1864, der Bahnhof 1892 erbaut.

Selnaustrasse und Sihlkanal, 1917/1984. Die "zahme Sihl", der Sihlkanal, floss unter der Selnaustrasse hindurch zur Sihlporte, *überquerte* dort den Schanzengraben, und verlief weiter Richtung Limmat. 1918 wurde der Sihlkanal abgeleitet und überdeckt.

Ausfahrt aus dem Selnauquartier, 1918/1984. Beim Bahnhof Selnau begegnet die Selnaustrasse der Sihlhölzlistrasse, die zwischen Sihl und Bahnhof Selnau stadtauswärts führt. Links im alten Bild ist der Sihlkanal erkennbar. Der Betrachter schaut Richtung Üetliberg.

Der Selnau-Verein
Protokollauszüge, Gedichte und ein Theaterstück

1863, als der Bau des Selnauquartiers noch in vollem Gange war, gründeten seine ersten Bewohner einen Quartierverein. Der Verein war für das junge Quartier bald von grosser Bedeutung, denn über das traditionelle Vereinsleben hinaus hatte er eine quasi polititsche Funktion: Er vertrat die Interessen des Quartiers gegenüber der Stadt und förderte bei den Selnauern das Bewusstsein, dass sie eben *Selnauer* sind und nicht einfach nur Zürcher.

Die Stadt ihrerseits respektierte durchaus das Quartierbewusstsein, das da unmittelbar vor ihren Mauern entstand. Wenn die Behörden im Selnauquartier etwas vorhatten, gelangten sie zuerst an den Quartierverein. Während längerer Zeit waren die Selnauer sogar im Zürcher Stadtrat vertreten, durch die Person des Herrn Schwarz, der gleichzeitig aktives Mitglied des Selnau-Vereins und zeitweise sogar Präsident desselben war.

Der Verein umfasste schon bald an die hundert Mitglieder, d. h., mindestens jeder zweite Haushalt war im Selnau-Verein vertreten. Über die ersten Vereinsjahre — die Selnauer Pionierjahre — war leider nichts Schriftliches aufzutreiben. Die Aufzeichnungen, die ich finden konnte, setzen erst im Jahre 1878 ein. Die Versammlungen fanden in der Regel monatlich statt, man traf sich jeweils in einem der Quartierrestaurants, und es kamen meistens so um die zwanzig Vereinsmitglieder. Manchmal waren es auch mehr, dann nämlich, wenn etwas geboten wurde, ein Vortrag zum Beispiel, oder ein Unterhaltungsabend: Dann waren auch die geschätzten Damen eingeladen. Ging es aber um Quartierprobleme, blieben die Männer unter sich. Das war damals so.

Wie es damals war im Selnau, darüber geben die Vereinsprotokolle näheren Aufschluss; nachfolgend einige Auszüge.

28. November 1878

Telegrafstation Das erste Traktandum betraf die Erstellung eines eigenen Telegrafenbüros für Selnau in Verbindung mit der bereits bestehenden Telegrafenstation der Üetlibergbahn. Es wurde beschlossen, mit der Telegrafendirektion sich in Verbindung zu setzen und nötige Erhebungen zu veranlassen, auf welche Weise und unter welchen Bedingungen der obenerwähnte Zweck erreicht werden könne.
Giessereilärm Nach lebhafter Diskussion wurde beschlossen, in einer Eingabe an den löblichen Stadtrat die Nachteile und Schädigungen zu beleuchten, die den Anstössern durch die aussergewöhnlich lärmenden Arbeiten der Herren Gebrüder Koch, welche sie auf ihrem ehemaligen Gartenplatz vornehmen lassen, erwachsen sind. Betont wurde ferner die Unmöglichkeit dieses Status quo und um Abhilfe gebeten in dem Sinne, dass solche Arbeiten entweder auf mechanischem Wege oder in geschlossenem Raum ausgeführt werden sollen.

27. März 1879

Telegrafstation Herr Stadtrat Schwarz teilt mit, dass zwischen dem Selnau-Verein und der Telegrafendirektion ein Vertrag vorläufig auf ein Jahr abgeschlossen sei. Der Selnau-Verein bietet der Telegrafendirektion eine Summe von sfr. 100.—, wogegen die Zuschlagstaxe von 50 cts. pro Depesche wegfällt.

27. Mai 1880

Ausflug Ein Ausflug an einem Sonntag mit Familien wurde beschlossen und hierauf als Bestimmungsort genannt: Teufen, Sihlwald, Regensberg, Üetliberg. In der Abstimmung erhielt Sihlwald die Mehrheit. Derselbe soll womöglich im Laufe des Juni ausgeführt werden. Es soll dazu durch den Vorstand zirkulariter eingeladen werden.

Giessereilärm An die Herren Gebrüder Koch wurde sodann folgende Zuschrift geleistet:

"Wiederholte eindringliche Reklamationen Ihrer Nachbarschaft an uns, dass die polizeiliche Verordnung, T-Eisen auf Holzunterlage zu bearbeiten, nicht genügend sei, und der Lärm wie früher fortbesteht, veranlasst den Selnau-Verein, sich in dieser Angelegenheit nochmals an Sie zu wenden in der Hoffnung, eine friedliche Verständigung zu erzielen. Nach Ihren eigenen Mitteilungen an den Stadtrat von Zürich haben Sie sich bereit erklärt, die Verarbeitung von T-Eisen mittels Maschinen bewerkstelligen zu lassen, sobald Ihnen der Nachweis geleistet werden könne, dass eine solche Maschine existiere, die der Handarbeit im Ergebnis gleichkomme. Wir sind nun heute im Fall, dies tun zu können und verweisen Sie auf einliegende Prospekte des Herrn Heinrich Ehrhard in Düsseldorf, die wir Ihrer Prüfung empfehlen. Wir fügen noch Zeugnisse von Besitzern solcher Maschinen bei, glauben aber nicht, Sie auf die Vorteile dieser Maschinen speziell aufmerksam machen zu müssen.

Es lag nie in unserer Absicht, Sie in der Ausübung Ihres Geschäftes hemmen zu wollen, auf der andern Seite dürfen aber Ihre Nachbarn von Ihrer Billigkeit erwarten, dass sie nicht von Ihnen geschädigt werden, insofern Ihnen die Möglichkeit gegeben ist, dies in für beide Teile befriedigender Weise ändern zu können."

Telefon Über das Telefon und seine Bedeutung werden Erklärungen abgegeben von seiten des Herrn Wild und seines Ingenieurs. Sie erklären den Apparat und dessen Funktion und stellen ersteren zum praktischen Gebrauch zur Verfügung der Anwesenden. Herr Wild erklärt in eindrücklicher Weise die hohe Bedeutung des Telefons und sprach sich ausführlich über den gegenwärtigen Stand des Unternehmens aus, dem allerdings grössere Schwierigkeiten im Wege stehen, deren Beseitigung aber trotzdem zu erhoffen ist.

25. November 1880

Giessereilärm Die Herren Gebrüder Koch lassen durch einen Angestellten mitteilen, dass sie zwei Kaltsägen erworben haben und dass sie weitere Maschinen zur Lochung und Nietung von T-Eisen anschaffen werden, im weiteren einen Glasbau beabsichtigen, um ihre Arbeiten in Zukunft geräuschlos vornehmen lassen zu können. Item, des Pudels Kern soll sein, dass sich der Lärm in Zukunft auf ein Minimum reduzieren und die Nachbarschaft weniger darunter leiden soll als dies bisher der Fall war.

Volkszählung Herr Lehrer Schneebeli gibt Belehrung und Anleitung, wie die Kontrollbögen der am nächsten 1. Dezember 1880 vorzunehmenden Volkszählung aufzufassen und auszufüllen sind.

Fest Die Abhaltung eines kleinen Festes am Berchtoldstag im Sihlhölzli seitens der Mitglieder des Selnau-Vereins und deren Angehörigen wurde zum Beschluss erhoben, und um der Sache die rechte Weihe und Humor zu geben, wurde ein Vergnügungskomitee aus sechs Herren der Gesellschaft gewählt, die mit dem nötigen Arrangement betraut sind.

Telefon Herr Adjunkt Wittelsbach spricht den Wunsch aus, die im Café Stäubli provisorisch erstellte Telefonleitung möge dem Quartier erhalten bleiben, sei dies mittels einer Taxerhebung für die Benützung oder mittels einer namhaften Vergütung seitens des Vereins an Frau Stäubli für Aufbringung der jährlichen Kosten.

27. Januar 1881

Der Jahresbeitrag wurde auf sfr. 2.– erhöht.
Telefon Der Verein beschloss, das bereits etablierte Telefon gegen eine Vergütung von sfr. 100.– vorläufig probeweise auf ein Jahr in Zins zu nehmen, in der Meinung, dass jedes Vereinsmitglied und dessen Familie das Recht hat, den Apparat unentgeltlich benützen zu können. Obiges Telefon ist im Lokal der Frau Stäubli im 1. Stock untergebracht.
Bezirksgericht Herr Steuersekretär Tobler empfiehlt die Anregung, dass aus dem Schosse des Vereins die geeigneten Schritte getan werden sollen, um den löblichen Stadtrat zu veranlassen, keine Erhöhungen und Erweiterungen an den Gebäulichkeiten des Gerichtshauses vornehmen zu lassen, da dies einerseits gegen bestehende Vorschriften in dieser Gegend sei und dann eine Erweiterung der Gefängnisse einer Strafanstalt gleichkäme, was im Nachteil des ganzen Selnauquartiers sei.

14. November 1881

Selnaubrücke In Bezug auf die Verbreiterung der Selnaubrücke wurde beschlossen, an den löblichen Stadtrat von Zürich eine Eingabe ins Werk zu setzen, dass der Selnau-Verein in Anbetracht des steigenden Verkehrs und der Gefahr für die Schüler der Schanzengrabenschule eine angemessene Verbreiterung der Brücke für notwendig erachte.

29. Dezember 1881

Selnaubrücke Herr Quästor Tobler verliest die Antwort des Stadtrates auf unsere Eingabe wegen der Selnaubrücke, die in ablehnendem Sinne lautet, "mit Rücksicht auf die jetzigen ungünstigen Steuerverhältnisse der Stadt Zürich".

26. Januar 1882

Telefon Der Aktuar wurde schliesslich beauftragt, von der Telefondirektion Bericht einzuholen, wie es sich mit der Läutvorrichtung des Telefons bezüglich seiner Verrechnung verhalte.

23. Februar 1882

Telefon Es wurde die Idee angeregt, ob nicht das Telefon im Cafe Stäubli mit 1. Juli aufgegeben werden solle, wenn man sich mit der Üetlibergbahn verständigen könnte, das ihrige zu benutzen.
  Bezüglich der besonderen Läutvorrichtung am Telefon wird mitgeteilt, dass dieselbe für das erste Jahr mit sfr. 10.– berechnet worden sei und nunmehr pro Jahr noch sfr. 5.– koste.

27. April 1882

Selnauer Sechseläutenfeuer Herr Quästor Tobler erstattet Bericht über die Sammlung von Beiträgen zur Deckung der Kosten des Sechseläutenfeuers sowie über das seinerzeit dazu getroffene Arrangement. Herr Nationalrat Meister, Forstmeister in Sihlwald, habe sich auch dieses Jahr wieder in sehr anerkennender Weise gezeigt, indem er dem Selnau-Verein einen schönen Beitrag von Holz zum Sechseläutenfeuer geleistet habe.

Der alte Bahnhof der Üetlibergbahn (damals noch ohne Sihltalbahn), der 1892 abgetragen wurde. Links im Bild die Häuser der Sihlamtstrasse, rechts neben den Gleisen der Sihlkanal, ganz rechts die Sihl und im Hintergrund die Brauerei Hürlimann.

25. Mai 1882

Telefon An einer Diskussion über Beibehaltung oder Aufhebung des Telefons im Cafe Stäubli beteiligen sich die meisten der anwesenden Mitglieder und es zeigt sich ein lebhaftes Interesse an diesem Traktandum. Wie jeder ordentliche Verein besitzen auch wir einen haushälterischen Quästor, der bestrebt ist, mit unseren bescheidenen Mitteln vorsichtig zu Werke zu gehen. Er findet, dass, nachdem die Üetlibergbahn den Selnaubewohnern die freie Benützung des Telefons der Üetlibergbahn gestattet hat, dem Selnau-Verein so die jährliche Ausgabe der sfr. 100.– erspart würde, und beantragt Aufhebung des Telefons im Cafe Stäubli auf 1. Juli 1882.

Die zahlreichen Gegenargumente erfolgen im wesentlichen unter folgender Begründung: Das Halten des Telefons sei ein gemeinnütziges Werk des Selnau-Vereins, der es sich zur Aufgabe gestellt habe, den Bewohnern des Selnauquartiers wo möglich Annehmlichkeiten und Bequemlichkeiten zu bieten. Das Telefon werde schon jetzt rege benützt. Es sei in einem abgeschlossenen Raum, wo jedermann ungeniert und ohne Zuhörerschaft telefonieren könne. Es sei den ganzen Tag bis nachts elf Uhr geöffnet, während das Büro der Üetlibergbahn zu bestimmten Stunden geschlossen werde, der Sprechende nicht für sich allein sei und das Büropersonal stören müsse, sodass bei starker Frequenz leicht andere Dispositionen von seiten der Verwaltung zu riskieren seien.

Schliesslich wurde der Antrag für Beibehaltung des Telefons im Cafe Stäubli auf Vereinskosten mit grosser Mehrheit angenommen.

31. August 1882

Bergtour Das auf der Einladungskarte notierte Traktandum Vortrag des Herrn Direktor Zollinger über die Besteigung des Heustock hatte die bezaubernde Wirkung, dass sich 21 Vereinsmitglieder einfanden.

28. September 1882

Ausflug An unserem diesjährigen Sommerausflug nach Teufen im Unterland nahmen 54 Personen teil.

Vorträge Das heutige Haupttraktandum bildete der Vortrag von Kommandant Pfister über den Landvogt Salomon Landolt von Greifensee. Auf spätere Versammlungen sind folgende Vorträge vorgemerkt worden: Herr Wegmann über den Nahrungswert verschiedener Lebensmittel; Herr Lehrer Häderli über Pfarrer Waser; Herr Staub über den Spinnenkönig Heinrich Kunz. In unserer Monatsversammlung vom Dezember wird uns Herr Müller-Bauer eine humoristische Vorlesung in Basler Mundart zum besten geben.

25. Januar 1883

Jahresrechnung des Selnau-Vereins für 1882

Einnahmen
Saldovortrag 1881	92.64
Mitgliederbeiträge	202.–
Telegrafbürobeiträge	117.–
Zinsen	5.70
	417.34

Ausgaben
Telegraf/Telefon	220.50
Briefmarken/Inserate/Portis/Drucksachen	93.80
Allerlei	50.–
	364.30
Zugunsten des Vereins Saldo	53.04
Bestand bei der Leihkasse Zürich	46.20
Barbestand Kassa	6.84

Gegenüber dem Vorjahr ergibt sich ein Rückschlag von 39.60, welcher wesentlich daher rührt, weil Einladungskarten für 2 1/2 Jahre angefertigt wurden.

Liebesgabe Nach Erledigung der Traktanden machte Herr Direktor Zollinger den Vorschlag, ob nicht der Selnau-Verein sich in irgendeiner Weise an dem Liebeswerk zur Unterstützung der Überschwemmten in der Rheingegend beteiligen solle. Dieses Thema rief einer lebhaften Diskussion, wobei namentlich auch die gegenwärtige Notlage der landwirtschaftlichen Bevölkerung unseres eigenen Kantons hervorgehoben wurde. Schliesslich einigte man sich darauf, ein Zirkular an sämtliche Mitglieder zu versenden, dass an verschiedenen Orten im Selnau Büchsen zur Abgabe von Liebesgaben aufgestellt würden, deren Inhalt somit je zur Hälfte den Überschwemmten und unserer landwirtschaftlichen Bevölkerung zugewendet werden soll.

29. März 1883

Ägyptischer Krieg Mit grosser Aufmerksamkeit wurde ein Vortrag des Herrn Major Schneider über den letzten ägyptischen Krieg zugehört und um die viele Mühe verdankt.

26. April 1883

Selnauknaben Herr Gottfried Tobler reicht im Namen der Selnauknaben den schriftlichen Antrag ein, der Selnau-Verein möchte gestatten, den für ein Sechseläutenfeuer unverwendet gebliebenen Betrag von sfr. 65.– den Hinterlassenen der durch Explosion verunglückten Eheleute in Wettsweil vergaben zu dürfen. Diese biedere Gesinnung unserer Jugend wurde allseits

begrüsst und der Antrag zum Beschluss erhoben.
Sommerlokal Für die kommmenden Sommmermonate wurde sodann das Schützenhaus Sihlhölzli als Versammlungslokal bestimmt.

26. Juli 1883

Herrenabend Bei kühler Witterung mussten wir heute auf die Anwesenheit unserer Damen verzichten und brachten den Abend in geringer Anzahl und in nicht besonders fröhlicher Stimmung in der Wirtsstube zu. Man erzählte sich dieses und jenes, gab einander Rätsel auf, und unser sonst stets munterer Aktuar gab der Gesellschaft etwas ganz neues zum besten: Er sprach nämlich nichts. Er war eingeschlafen.

31. August 1883

Choleragefahr Bezüglich der von Ägypten her drohenden Cholera wurde in jüngster Zeit in verschiedenen Zeitungen das Selnauquartier in sanitarischer Beziehung sehr nachteilig behandelt. Heute liest Herr Wegmann einen Artikel vor, welcher das Selnauquartier für das Entstehen von Thypus und Cholera ebenfalls zugänglicher erscheinen lässt als andere Quartiere.

"Unsere Betrachtungen über die Frage: Ob die Cholera wohl nach Zürich kommen werde, haben in ganz erwünschter Weise die Erörterung des Gegenstandes da und dort auch in öffentlichen Blättern veranlasst. (...) Es ist unrichtig, wenn behauptet wurde, das Selnau sei ein besonders 'gesunder' Stadtteil und es seien dort die Häuser mit Jauchtrögen nicht ungesünder als die andern. Im Gegentheil: das Selnau ist, wenn man seine sonst günstige freie Lage und den Umstand berücksichtigt, dass es doch ein neuer Stadttheil ist, ein hygienisch wenig begünstigtes Stadtviertel; wir haben dort auffallend oft Typhuserkrankungen beobachtet, und wo Typhus gedeiht, da wuchert unzweifelhaft auch die Cholera, wenn ihr Keim einmal ausgesandt wird und aufgeht."
("Blätter für Gesundheitspflege", Organ der Ärztegesellschaft des Kantons Zürich, 10. August 1883)

Es entspann sich in der Folge eine lebhafte Diskussion. Nachdem das Kloakenwesen in der Stadt Zürich in den letzten Jahren durch Kübelsysteme auf die rationellste Weise umgeändert wurde, bestehen zurzeit im Selnau noch eine grössere Anzahl Abtrittgruben, die bei Ausbruch von Seuchen nachteilig auf den Gesundheitszustand unseres Quartiers wirken könnten. Auch die Abtritte des Sihlamtsgebäudes haben zwar ein Kübelsystem, aber keine Schwemmeinrichtung, was zum mindesten so nachteilig sei wie die Abtrittgruben. Das Leeren der Gruben durch Landwirte der Gegend geschieht meistens von nachts zehn Uhr an in ganzen Kolonnen von sogenannten Güllenwagen und verbreitet durch das ganze Selnauquartier einen höchst widrigen Geruch und verursacht einen unangenehmen Spektakel, welchem man durch allseitige Einführung des Kübel- und Schwemmsystems für immer enthoben wäre. Es wurde der Wunsch ausgesprochen, der Selnau-Verein möge die entscheidenden Schritte tun, um den herrschenden Zuständen nach Kräften entgegenzutreten.

27. September 1883

Telegrafenbüro Was die vom Selnau-Verein gewünschte Einrichtung eines Telegrafenbüros im Quartier betrifft, erklärt die Telegrafendirektion, das Selnauquartier habe alle Ursachen, mit den bestehenden Verhältnissen zufrieden zu sein. Der Depeschenverkehr im Selnau sei infolge Wegzugs einiger Geschäftsleute entschieden im Abnehmen begriffen.

Herr Stadtrat Schwarz teilt ferner mit, dass der gewünschte Briefeinwurf im oberen Teil der Brandenschenkestrasse am Hause des Herrn Stadtammanns Schurter bereits angebracht sei.

25. November 1883

Telegrafenbüro Schliesslich kam die Versammlung nochmals auf das Telegrafenbüro zu sprechen, und Herr Stadtrat Schwarz versprach, bei der titulierten Telegrafendirektion die nötigen Erhebungen zu machen, unter welchen Umständen das Selnau doch noch sein eigenes Telegrafenbüro erhalten könnte.
Zwingli Herr Pfarrer Siedler hielt anschliessend einen Vortrag über das Leben und Wirken des Reformators Huldrych Zwingli.

April und Mai 1884

Typhus Wegen der herrschenden Typhusepidemie fand der Vorstand es angezeigt, die regelmässigen Versammlungen für diese beiden Monate zu unterlassen.

30. Oktober 1884

Pompeij Herr Wegmann hält heute einen Vortrag über Pompeij und schildert die dortigen Ausgrabungen unter Vorweisung vorzüglicher Photographien.
  Auf Ende November steht uns ein Vortrag von Pfarrer Siedler über den Darwinismus in Aussicht.

27. November 1884

Darwinismus Herr Pfarrer Siedler hält mit gewohnter Meisterschaft einen Vortrag über den Darwinismus. Die nachfolgende freie Diskussion über dieses Thema wurde rege benutzt und ergab mit überwiegendem Mehr das Resultat, dass der Selnau-Verein Zürich einstweilen der Lehre Darwins noch nicht huldigt.

*

  Mit diesem Eintrag, der die Skepsis des kleinen Selnauquartiers gegenüber den grossen Ideen zum Ausdruck bringt, brechen die Aufzeichnungen ab. Die weiteren Protokollbände sind unauffindbar und verschollen. Das nächste Dokument, das mir in die Hände fiel, stammt erst aus der Zeit um die Jahrhundertwende. Es ist ein Gedicht, das den Männern im Quartier gewidmet ist, gespickt mit Anspielungen und freundlichen Seitenhieben, die zu erklären aus heutiger Sicht jedoch ein unmögliches Unterfangen wäre. Autor unbekannt.

S'SELNAU.

S'Selnau ist e schön's Quartier,
De **Rordorf** macht dert sy Klavier;
Doch zieht er jetzt nach Albisriede,
D'Muulwürf wend dert Musik studiere.

Und z'mitzt im Selnau staht s'**Grichtshuus**,
Dert tätsched's öppen eine uus;
Und d'Grechtigkeit, wo's spreched dert,
Die ist au mängs mal nüd verchehrt.

Au s'Militär ist dert deheim,
Zwei **Oberst** hämmer und zwar fein;
Mit neue Bride, rothe Chräge
Und churze Mäntle wegem Rege.

De Chaufmannsstand ist guet vertrete,
De **Wegmä** handlet mit Hunds-Chette;
Glettise, Pfanne, rostig Nägel,
Werchzüüg, Schliifschueh und Zürihegel.

De **Scheibler** ist en Fabrikant
Vo Ross-Toilette allerhand:
Dernebed en solide Maa,
Wo au na villi Sprache cha.

Gar ag'nehm isch es Rentier z'si,
Mä ist fidel und g'sund derbi;
De **Denner** hät's und er vermag's.
D'rum trinkt er weder Bier, na Schnaps.

Uf Füür-, Unglücks- und Todesfall,
Versicheret de **Dreyfuess** all;
Doch muesst dänn öppe trotzdem sterbe,
Häst nüd dervo — s'ist all's für d'Erbe.

Es Corset muess guet g'schnitte sii,
Es chunt gar öppis zart's dert dri;
Wend d'Dame öppis Passends ha,
Müend's s'Mäss la neh bim **Biederma**.

Grob-, Guss-, Facon- und Winkeliise,
Stönd immer hoch in ihre Priise;
D'rum wird dä Fründ au immer dicker,
De Schwarzhorn-**Meier** mit sym Zwicker.

De **Zimmerma** hät s'schönste Loos,
D'rum wird er au so dick und gross;
Vom Wirthe will i nüd verzelle,
Er will jetzt wieder d'Chüe go melle.

Und Bad- und Gas- und Wasserleitig
Macht dir dä **Wassermüller** gleitig;
Er ist zwar g'aicht uf g'mischti Wasser,
Dernebed ist er Chilevater.

En Wassermüller, wo Wi verchauft,
Und pantschte Bendliker Hallauer tauft;
Weiss Eine wie me ne strafe cha?
E Frau müesst mir dä **Heiri** ha.

Ich glaub's zwar nüd, s'chönt aber sii,
Dass dä au Wasser schütt in Wii.
Vom Buur ist halt dä Stoff na z'heftig,
Vom **Landolt** ist er fast na chräftig.

Zwei Nebedbahne händ sogar
Im Selnau ihres Rauchlokal;
De **Schreck** seit, er chönn nüd derfüür,
Für Dampf bruuch's ebe Rauch und Füür.

Gift mische, giige, Pülle dreht,
Der **Imhof** mit Virtuosität;
De **Hubacher** dä macht ems nah,
Weiss g'wüss nüd, welle s'besser chah.

Gicht, Wärze, Chröpf und Diarrh'e,
Schwer Chöpf, Katarrh und Mageweh,
De **Schwarz** chann alles das vertriibe,
Lass Dir vo ihm d'Chlystier verschriibe.

Jetzt chunt de Selleröster dra,
Doch söttst dänn z'erst e Seel g'ha ha!
Denn b'sorget's unter Garantie,
De Papa **Wegmä-Ercolani**.

De **Weidmä**, das ist au so en fine,
Er striicht so gern um d'Chrinoline;
Doch muess er jetzt dänn bald abiisse,
Gang b'stell bim Goldschmid 'mal s'Fangiise.

Gar schön ischt so e Milchwirthschaft,
De **Gerber** hät sis G'schäftli g'macht;
D'Milchkomiker chönnd's doch vertusche,
Wenn's d'Milch mit Wasser tüend verpfusche.

Geschrieben wird wohl manches Buch,
Wer's alle lesen sollt, verflucht!
Der **Schreter** zwar, der kennt se alle,
Der Mensch, der is ne Lesehalle.

E böses Amt hät im Kreis Drei,
Das Haupt der Chilepflegerei;
Freisinnig streng und sozial,
O **Zimmerli**, ist das e Qual.

Prorektor z'si, ist gar nüd schlecht,
Hauptsächlich na bim nettere G'schlecht;
Dert tuet de **Schurter** dänn verzelle
Vo Wechselkürs anstatt vo Chelle.

En Bölleschinder, Uhresüüder,
En Zitliputzer, Zeigerschüüber;
Dä Maa chann viel, s'ist g'wüss känn g'Spass,
De **Kaufmä**, No. 6, Holzgass.

Us Hönggergold, Eh'ring und Chette,
Falsch Stei sogar, de darfst druuf wette;
Das träged jetz efange d'Lüüt,
De **Chofmehl** schimpft, doch nützt's halt nüüt.

E siebe Meter langi Wurst
So z'drehe, macht eim g'wüss na Durst;
De **Kueser** mag das nüd verträge,
Er springt i d' "Stund" go "Grüetzi" säge.

Zum Metzge muesst halt früeh ufstah,
Dänn chast am achti z'Nüni ha;
Die ältste Ochse häst bald g'funde,
Das freut em **Scheller** sini Chunde.

Wie isch's doch mengsmal sehr fatal,
Hät me nu zwüsche Zweie d'Wahl;
De Guyer und de Sourbeck z'frage,
Das liit dem **Basler** schwer im Mage.

Bim Drahtschmidli muess d'Limmet laufe,
Damit si s'Bier gnueg chönned taufe;
Und dänn, was au nüd ohni ist,
Für's **Steubli**'s ihri bachne Fisch.

Wie thuet dä Mensch sin Ermel schwinge,
Wenn er die Dame lat la singe;
Stüssi heisst de Glarner-Ziger,
En Mordio-Klafeufi-Tiger.

Wotscht Du emal es Huus la baue,
Muesst Dich dem **Hartmä** avertraue;
D'Hypotheke fangst im Keller a,
Denn chast es gwüss nie schöner ha.

Klarinette, Violine
Und Rupfgiige von ganz fine;
Pauke, Trumme sammt de Note,
Wird alles bim Herr **Fries** us bote.

Bleistift, Tinte, Tinteg'schirr,
Siegellack, Federe, Guet's Papier:
Das ist dem **Rüegg** si's Arbeitsfeld,
Und s'treit em i en Huufe Geld.

3 Cacaobohne mit Mehl vermahle,
Das git e guet's Pfund Chocolade;
Uf's Pfund 2 Franke Inserat,
Dänn stimmt dem **Fritz** si Rechnig grad.

De **Claus** da säupft si Chunden i
Und schnit's au na is G'sicht e chli;
Doch hät das witer nüd viel z'säge,
S'Heilpflaster ist ja au vergäbe.

Furt ischt jetzt s'Rägel mit sim Ma,
De **Hungerschenkel** het nümme Recht tha;
Am Rank dert het's ne besser passt,
Uf Wiederluege, fils, huit z'Nacht.

Jetzt halt i aber doch mis Muul,
Sust wird die G'schicht bis z'letscht na fuul;
Si hend mer's scho mal chrumb ufgnah,
Won ich e Bizzeli zeichnet ha.

Mitgliederzuwachs Aus dem Jahre 1904 ist uns eine Mitgliederliste erhalten geblieben. Betrug die Zahl der Vereinsmitglieder *1884* noch *108* Personen, so erreicht sie *1904* den vermutlichen Höchststand von *166*. 147 Männer – und *19* Frauen: Ein repräsentativer Querschnitt durch das Quartier kann diese Mitgliederliste wohl nicht genannt werden, ist doch anzunehmen, dass es sich bei der Mehrzahl der Selnauer Männer nicht um Junggesellen gehandelt hat. Auch die in der Mitgliederliste aufgeführten Berufe dürften wohl nicht ganz repräsentativ sein, waren doch im Selnauverein eher die bessergestellten Quartierbewohner vertreten. Das Haus Sihlamtstrasse 15/17 zum Beispiel – das Haus, in dem ich wohne – figuriert kein einziges Mal auf der Mitgliederliste. Der Heizer Wolfensberger, der Ausläufer Kunz, der Taglöhner Dahli oder Frau Sprenger, die Glätterin – sie alle und noch andere mehr waren nicht im Quartierverein.

Mitgliederschwund Zählte der Verein 1904 166 Mitglieder, waren es *1914* noch ganze *85:* Der Verein war innert zehn Jahren auf die Hälfte seiner Mitglieder zusammengeschrumpft. Was war geschehen? – Zürich war grösser geworden, und je grösser es wurde, umso mehr verlor das Selnau an Bedeutung. Rundherum waren neue Stadtquartiere entstanden – Wiedikon, Aussersihl, Enge – und das Selnau geriet immer mehr zwischen Stuhl und Bank, wurde zum Niemandsland zwischen den Quartieren, zum Anhängsel der Altstadt, zu dem, was es heute noch ist.

Im Archiv entdeckte ich den Jahresbericht 1913. Ein besonderes Jahr für den Selnauverein: Er feierte sein 50jähriges Jubiläum. Doch was im Jahresbericht steht, tönt ernüchternd:

Jahresbericht 1913 Als im Jahre 1863 ein kleines Grüpplein im damaligen Selnau ansässiger Selnauer unsern Verein gründete, da mochten sie nicht geahnt haben, dass sich unsere Stadt zu so grossen Verhältnissen vervollkommnen könnte, wie sie der heutige Selnauverein erlebt, und mit denen er rechnen muss. So haben wir im verlaufenen Berichtjahr eigentlich mit den Quartierinteressen, die seinerzeit die Ursache der Gründung sein mochten, nicht mehr viel zu tun; es würde sich zurzeit nur darum handeln, dass die Ruinen an der Ecke Brandschenke-Stockerstrasse verschwinden und das neue Telefongebäude endlich zum Boden herauswächst.

Unter den letzten Abstimmungen war auch diejenige über das neue Bezirksgebäude an der Badenerstrasse, und nicht mehr lange wird es gehen und mit den Angestellten und Gerichtsherren, die ihre Bureaux in allen Teilen des Selnaus verlassen, wird wieder ein Stück Selnauer Tradition aus unserem Wirkungskreise scheiden. So haben wir nun die traurige Zuversicht, dass wir bald gar nichts mehr zu tun finden. Unsere geträumten Sitze im Stadtrat und in den Kantonsbehörden fallen dahin, und wenn nicht alles trügt, so geht es mit der Linksufrigen so rasch vorwärts, dass wir auch da nichts mehr zu fragen, zu opponieren und zu verurteilen haben. *(Gemeint ist die linksufrige SBB-Linie, deren Tunnel unmittelbar hinter dem Selnauquartier verläuft.)*

Also eröffnet sich uns für die Zukunft ein Prognostikum der schönsten Faulheit, und nur noch der Protokoll actuarius wird seine liebe Not haben, die dickbäuchigen Protokollbücher und Festberichte zu verwalten und zu verlegen.

Doch bevor wir in die Zukunft schweifen, so wollen wir in das herrliche Jubiläumsjahr zurückgehen, um da anzufangen, wo unser Präsident im Grimme der Verzweiflung seine Demission gab – und wieder zurückzog. Jene Generalversammlung war also doch noch in Minne verflossen.

Die weiteren Vorgänge im Verein, die sich vergangenes Jahr abspielten, sind bald aufgezählt. An der Versammlung vom 15. Mai wurde der Frühlingsausflug nach Gyrenbad beschlossen, über welchen ein spezielles Protokoll berichtet. Eine weitere Versammlung fand nach den Sommerferien statt, welche am 25. September stattfand und an welcher der Herbstausflug besprochen wurde. So fanden sich denn am 19. October eine schöne

Ecke Selnaustrasse/Brandschenkestrasse (links). Das Bild stammt aus dem Jahr 1934.

Anzahl Teilnehmer zusammen, welche mit dem Zug nach Bülach und von dort zu Fuss nach dem schönen rheinumspülten Eglisau wanderten, wo im Kurhaus bei Wein und Schweinernem sowie bei Kaffee und Chüechli getafelt wurde.

Der runde Tisch hatte dann nach alter Tradition wieder zur Martinigans eingeladen, die am 15. November von einer kleinen Korona genehmigt wurde. An dieser Stelle möchten wir unserem Reblaubewirt ein Kränzchen widmen, denn er hat sich tadellos gemetzget, das heisst, was er gemetzget hat, war hervorragend. Wenn auch der Knaben wenige waren, so war's vergnügt und in stiller Stunde wurde ein Nachtlicht geboren, das sein Licht dann später über eine illustre Gemeinde ausbreiten durfte ...

Kurz, auch die Martinigans war hervorragend, und im speziellen das dazugenossene Nachtlichtöl aus Papa Schwörers Keller. Am 20. November fand eine interessante Versammlung statt, an der Direktor Schreck uns die endlich geborenen linksufrigen Zürichsee-Pläne entwickelte. Eine rege Diskussion bewies, wie grosse Interessenkreise an der Bahntrasseeverlegung beteiligt sind und wie einschneidend dieselbe auf unser Quartier wirken wird. Ein weiterer Abschnitt in der Tätigkeit unseres Vereins bildete die Vorbereitung der Jubiläumsfeier, welche nun am 7. Februar in den Zunftsälen zur Meise stattfand. Schon lange waren ungeheure Kredite für diese hervorragend gedachte Jubiläumsfeier verlangt und bewilligt worden, grosse Kommissionen tagten nächtelang fruchbar und fruchtlos, Projecte, die einer weltgeschichtlichen Erinnerung würdig waren, sind geschmiedet worden. Die Damen wurden mit geheimnisvollen Mienen mit allerlei Aha-Oho-Hmhm hingehalten und kamen mit hochgespannten Hoffnungen, die dann allerdings schmählich enttäuscht wurden, denn der Berichterstatter als Präsident des Unterhaltungscomites muss gestehen, dass eigentlich herzlich wenig geboten worden ist.

Festbericht Das Fest wurde von einer Präsidialrede eröffnet, die in gebundenen und ideal gedachten Worten die Geschichte des Selnaus streifte, der schönsten Momente gedachte und in ein Hoch auf das Selnau austönte, von seiten der alten Herren sprach der Herr Direktor Schreck, und dann nahm das Fest mit seinem Programm den Anfang.

Die schlechten Raumverhältnisse verhinderten leider eine Entwicklung einzelner Productionen, und sehr schade war es vor allem für den Tango und die Maxixe Bresilien, dass nur ein so kleiner Raum in Anspruch genommen werden konnte. Trotzdem bin ich überzeugt, dass beide Tänze, so mustergültig getanzt, sich Freunde gewonnen haben, auf alle Fälle konnte bei unsern Damen ein ganz aussergewöhnliches Interesse konstatiert werden. Der scheinbare Clou des Abends sollte ein dramatisches Glanzstück werden, an dem der ganze Vorstand herumgearbeitet hatte, und es auch spielen musste. Nun, wir haben unsere Freude gehabt und scheinbar auch die Selnaufamilie, es hat ein jeder etwas abbekommen dabei und es war nicht bös gemeint. Allerdings muss sich der Verfasser des Stücks darüber Rechenschaft abgeben, ob er das wunderschöne Blumenarrangement, mit dem man ihn belohnte, verdient hat.

Freund Schwörer sammelte dann noch glühende Kohlen auf sein Haupt, und er wird das Dichten für die nächste Zeit wohl eher sein lassen. Das Oberhaupt der Festwirtschaft, Herr Schmid, sass und stand feuerumwogt in seiner Küche und, das muss man zugeben, Speis und Trank sind derart gewesen, dass uns heute noch das Wasser im Munde zusammenläuft, wenn wir jener hervorragenden Platten gedenken. Über den schliesslichen Katerbummel zu später, früher Stunde schweigt die Geschichte ...

PROGRAMM

7½ UHR ÖFFNEN DER TÜREN :: VON 8 UHR AN MUSIK-
VORTRÄGE DER KAPELLE REVINSOHN

PUNKT 8½ UHR NACHTESSEN

1. SELNAUER JUBILÄUMSMARSCH . . . Orchester
2. ANSPRACHE DES PRÄSIDENTEN . . .
3. BUNTE BÜHNE . . . . Herr M. Fiedler
4. TENORSOLO . . . . Herr F. Hetzel
5. CELLO-SOLO . . . . Orchester
6. BASS-SOLO . . . . Herr O. Feuerlein
7. ORCHESTER . . . .
8.   FESTSPIEL
„IM CABARET ZUM GRÜNEN NACHTLICHT"
Szenen aus dem modernen Selnau zur Zeit der Polizeistunde
und des hypermodernen Gesellschaftslebens
Geschrieben von einem Vereinsmitglied
9. HUMORISTISCHER VORTRAG . . . . Herr L. Meyer
10. TANGO UND MAXIXE, arrangiert von Fräulein G. Oeffler

NB. DAS AUSFÜHRLICHE PROGRAMM LIEGT AM ABEND AUF

BALL!
WÄHREND DER TANZPAUSEN PRODUKTIONEN AD LIBITUM

Jubiläumsfeier des Selnau-Vereins Zürich (1863–1913)

An die verehrten Mitglieder des Selnau-Vereins!

Fünfzig Jahre sind verflossen, seit im alten Selnau, dem Quartier, das sich ausserhalb der Mauern der alten Stadt Zürich an der Stelle gebildet hatte, wo früher das Kloster Seldenau stand, sich einige Männer zusammentaten und einen Freundschaftsbund gründeten, um die Interessen des Quartiers zu wahren und die Geselligkeit unter den Mitgliedern zu pflegen. Der Verein wuchs von Jahr zu Jahr und nahm unter den Quartiervereinen der Stadt Zürich lange eine der ersten Stellen ein. Mit der Zeit wurden die Grenzen des alten Selnaus verwischt, neue Quartiere bildeten sich an seiner Peripherie und eine grosse Zahl der Mitglieder verliess das Selnau und liess sich in anderen Stadtkreisen nieder. Neue Vereine und Gesellschaften bildeten sich ringsum und lockten die Bürger Zürichs an, aber dem Selnauverein blieb ein alter Stamm von Mitgliedern treu, die heute noch den Kern desselben bilden.

Der Selnau-Verein kann mit Stolz auf das verflossene halbe Jahrhundert zurückschauen. Bedeutende Männer haben ihm angehört und gehören ihm noch an. Heute noch wie vor 50 Jahren verbindet eine innige Freundschaft seine Mitglieder.

«Das Cabaret zum grünen Nachtlicht»

Szenen aus dem modernen Selnauleben, aufgezeichnet von Max Fiedler im Januar 1914 (leicht gekürzt und bearbeitet)
Ort der Handlung: im früheren Selnauquartier, in einem modernen Wohn- und Geschäftshaus
Zeit: irgendwann in der zweiten Hälfte des 20. Jahrhunderts...
Personen: Der Cabaretwirt zum grünen Nachtlicht
Der Clubpräsident
Der Rezitator
Der Sänger für ernste Sachen
Der Tierlidoktor
Der Flötenspieler
Ein Biedermeier
Ein alter Offizier

Wenn der Vorhang aufgeht, sieht man in ein leeres Zimmer, das mit grünen Tapeten, grünen Tischtüchern, grüner Lampe versehen ist: Das Clubzimmer.

Der Cabaretwirt tritt auf: *S'chunnt hüt meini wieder niemert, es ischt es choge Züüg mit eme soe Club. Do woni na Wirt i der Reblaube gsi bi, hani doch na echli Lüüt gseh, det isch vom G'richt oder vo dr Bahn, au vom Tram hie und da öppert cho, wome echli hät chöne gschpröchle mitene, aber jetz gseht mer nu na ame Samstig und under de Wuche es paar mal sini alte Bekannte, und ersch na sälber als Gascht inere alkoholfreie Kafistube.*

Ja, ja, das bös Polizeistundegsetz vo 1914 dozmol, das ist mengem Wirt und Wiihändler siin Ruin gsi, am beste sind da d'Bierbrauer ewägcho, mit ihrne Limonadefabrike und Malztreber-Mastanstalte. Sit ebe s'Münchner mit em Luftexpress direct vom Hofbräuhus, z'Münche usse, dahere gführt wird, suuft niemert me Hürlimaa. Janu... Die Herre, wo das Cabaret da eso für sich sälber igrichtet händ, sind zu Geld cho – die hänsch schön, händ alli en elektrische Aschluss a d'Tonhalle, as Theater, händ türggischi, russischi, römischi Bäder, händ mit em Beck und em Metzger e pneumatischi Rohrpost... Ja, me seit nüt vergäbe, eusi Zit marschiert mit Siebemeilestiefel – jede Tag e neui Erfindig, und natürli euse Stadtrat, sit die neu 10 Milliarde Anleihe 5 mal überzeichnet worde ist, weiss er mit em Gäld nüd was afange. As zruggzahle denkt er nöd. Jetzt, wo Züri dur Rhi- und Limmatschiffahrt zumene erste Seehafe worde ist, sind mir ja steiriich worde. I dem Huus da, wo euse Club ist, häts e grossi amerikanischi Speditionsfirma, wo uf der Sihl und Limmat zentnerwiis reinsti Side direct nach Neu York verfrachtet, und i dere Firma sind denn au 2 Selnauer Oberdiräktore. Eine devo, de Mr. Hermann Fritz isch jetz grad wider dänne, suscht wär er hüt zabig scho cho, sid mer in 48 Stunde durch de Tunnel vo Neu York nach Biscaya fahrt, gat d'Reis cheibe schnäll. Aber der ander Direktor, de Fiedler, chunnt scho, de häts gern mit em echli hocke, das ischt en alti Gwohnet vo früehner. Es ist mer grad, ich ghörti eine cho...

Der Clubrezitator tritt ein. *Salem aleikum Beizer, bin ich dr erst? Wo sind die andere, jetzt hämer doch uf die 8i iglade, und extra ä Haltstell für Lufttaxi uf dem Dach obe gmacht, und doch nützt's nüt. Ich will emal mini Protokoll-Phonowalze uflegge, bis dänn chunnt hoffetli eine.*

Der Cabaretwirt: *Gälled si, min Herr, es ist doch immer glich wie früehner im alte Selnauverein, au im Club tröpflets eso zäme, bis am 10i dän de Verein entli binenand ist. Aber da chunnt er ja, euse Präsident.*

Der Clubpräsident: *Salü, so wie hemers, chömer afange, natürli de Vorstand ischt wieder nüd binenand. Häst dis Protokoll und dr Reisebricht über euse Summerusflug mit dem Luftschiff uf de Tödi, he?*
Der Rezitator: *Wart jetzt au na echli, s'werded wohl na e paar cho, und z'erst muess öppis z'trinke here, gänd si mer d'Wiicharte, sie edler Kredenzer des göttlichen Nektars.*
Der Clubpräsident: *Det chunt meini wieder eine, da chömer afange.*
Der ernste Sänger: Er singt: *Teure Heimat, sei gegrüsst in der Ferne, sei gegrüsst.*
Der Clubpräsident: *Du chast den absitze, me wartet scho lang.*
Der ernste Sänger: *Bitte Herr Präses, sit si Oberst worde sind, schlönd si en Ton a, wo mir nüd gfallt, sie müend nüd vergässe, das mir es Cabaret bildet, wo jede cha tue wiener will, eusi politisch Bedütig ist scho lang futsch und s'Selnau existiert nu na i alte Wuchechronike, dä Stadtteil heisst jetzt Zürich 27. Bezirk, mir sind en Club, wänn ich jetzt au als Präsident vo der Schuelpfleg vo eusere grosse Stadt Zürich wett eso en Lärme ha, ich ha mini Bedütig meini au, nüd nu du, Herr Oberst.*
Der Rezitator: *Ruehig, ihr Mordshagle, dänked au was müests Volk denke, wo eu zu eso grosse Parteifüehrer gmacht hät, ihr, wo am nächste Sunntig is Internationale Weltparlament gwählt werded.*
Der Clubpräsident: *Mer wend Rueh mache, also lass din Vers los, di Maschine gaht meini wieder emal nüd, ha scho lang gseit, de Phonograph seig en überwundene Standpunkt, lies es abe, s'gaht na am Beste.*
Der Rezitator: *Protokoll der letzten Monatsversammlung. Nach Verlesung des Protokolls der vorgehenden Sitzung wird die X. Gründungsfeier des Cabarets zum Grünen Nachtlicht besprochen und beschlossen, auf die nächste Versammlung an alle ehemaligen Mtiglieder und zugewandten Orte des seinerzeitigen Selnauvereins als Vaterverein des Cabaretes zum grünen Nachtlicht eine Einladung zur Fest-Sitzung von heute ergehen zu lassen, der Flötenspieler wird veranlasst die Einladungen drahtlos ergehen zu lassen.*
Der Flötenspieler stürzt herein, atemlos: *Ihr müend mich gewüss entschuldige, aber ich ha mich verspätet in London, aber was ischt au das, kän Mensch als ihr und de Vorstand, nüd emal complet, und ich han eso en Stumpe Geld drahtlos vertelegrafiert.*
Der Clubpräsident: *Natürli, de Tierlidokter ischt nanig cho, er wird mit sim Chegelclub die neu Chegelbahn im alte Sihlhölzlitunnel welle probiere.* (Man hört poltern.) *Wohl es gits, er bringt meini sogar na e Chegelchugle.*
Der Vivisektionsrat tritt ein: *So warum bini zspat. S'isch aber au lang gange, der Frau Stadtpräsident ihre Hund hät Kolik gha, da han en müese behandle.*
Präsident: *Neinei, was ironisch denkst au, mir sind froh, wenn mer dich au emal gsehnd.*
Vivisektionsrat: *Ja wenn nüd hüt die gross Gschicht mit dem Jubiläum oder was es ischt wär, wär i bimeid nüd cho.*
Der Präsident: *So jetzt ruhig, wenn mer au alei sind, die Iladige sind ergange, und wenn Niemert chunnt, so wend mir im Sinn und Geist von alte Traditione und en Blick i alti Zyte und Tage zrugg gah la. Herein!*
Lehrer Häderli (in Biedermeierkostüm, sorgsam sich umsehend, erstaunt die Gesichter betrachtend, zieht er seinen Hut ab.) *Jä – excüsi ihr Herre, ich wott nüd störe, chönd Sie mir kei Uskunft gäh, won ich da de ehemalig Selnauverein atriffe, ich muess da zunere Jubiläumssitzig, und weiss vor luuter Türe nüd wo ine i dem Huus.*
Der Präsident: *Wowohl, Sie sind da am rechte Ort, mir sind die letzte vo früenere Gschare, aber na immer e rächt fröhlichs Kollegium. Mir begrüessed Sie selbstverständli, mit wem hämmer d'Ehr, ich minersits bin der Oberst Hetzel.*
Häderli: *Min ehrewerte Herr Name ist Häderli, Lehrer Häderli, ich bin en alte Veteran, und han immer eso e chli es Stuck vo mim Herze mit em Selnauverein gha, so hani denn au Ihrer Iladig nöd chönne absäge und bin erschine.*

Der Sänger für ernste Sachen: *Also em Schuelwese händ sie Ihri Lebesufgab gwidmet, es freut mi würkli. Sie werded mir au öppis verzelle chönne, denn wüssed Sie, ich bin de zürcherisch Schuelpflegspräsident, und chann nüd erchläre, wieso ich Sie na nie i mine Eltere Rappört glese han, denn es ist hüt zur jetzige Zit Usus, dass d'Eltere eus Ihri Zufriedeheit mit de Lehrere je nach dem Bricht, wo d'Chind hei bringed, bekenned, aber ich mag mich jetzt würkli nüd erinnere, dass ich vo Ihne glese han oder dass ich Sie binere Wald- oder Sunnebadschuelconferenz troffe ha, au träged Sie na en Huet, wo d'Lehrer hüt alli ohni Huet und mit Sandale umelaufed.*

Häderli: *Bhüet mi Gott, ich bin ja scho ewigs lang vo der Schuel eweg, aber es dunkt mi mit Verlaub z'säge, es seig da mängs anders worde, früehner sind mer au in Wald gange und der Sunne na, go Steckli schnide oder go botanisiere mit de Chind det im Sihlhölzlie usse, aber ohni Sandale, und de Huet hani au nach de strübste Selnausitzige heibracht.*

Der Clubpräsident: *Mini Herre, mer wänd jetzt doch nüd i serige Sache ufgah, Herr Häderli, es schiint mer, dass Sie echli en Dornrösli-Schlaf det a der alte Flössergass hine gschlafe händ; aber ich glaube, mir chönntid na mengs lehre, vo dem alte Schuelmeister, wo d'Erziehigsproblem na mit em Haselstöckli und ohne Schuelzahnarzt und Vögelitante gschwinder glöst hät. Ich bigrüesse de Herr Häderli als en Vertreter vom alte Selnau, won im wien eus as Herz gwachse ischt!*

Häderli: *Ja, ja, es schiint mer, ich heb en lange Schlaf ta, es ist alles so verändert, ich weiss überhaupt nüd, wien ich da here cho bi, es ischt mit überiirdische Dinge zuegange, es ischt alles anders worde, d'Stadt und der Verkehr und d'Lüüt, säged Sie bini würkli z'Züri und nüd z'Amerika? – Au s'Selnau ischt wäger anders worde, mer händ da e chlises Stübli gha, wo mer z'sämme cho sind, die andere Herre und ich, aber es ischt under Ihne e kein meh umme ...*

Der Präsident des Clubs: *Es chlopfet scho wieder, öppe na en Gast?*

Oberst Imfeld: (In militärischer Haltung, steht an der Türe, und lüpft leicht seinen Halbzylinder) *Ist das der Selnauverein, oder sind Sie Laubchäfer?*

Der Flötenspieler: *Doch Herr Oberst, das ist eusers hütig Kollegium: Da isch eusere Präsident, der Herr Oberst Hetzel, da die andere Herre, und da der Herr Häderli, eine von ganz alte Selnauere.*

Oberst Imfeld: *Also es schiint mer doch, ich seig am rechte Ort, freut mich sehr Herr Kamerad, freut mich werti Herre und ganz speziell Herr Häderli, Sie sind na en Vorgänger vo mir, Sie figuriered in alte Protokolle, als en ganz usgezeichnete Selnaupatriot, en Ma vom alte Schrot und Chorn,* (leiser zu ihm) *wüssed Sie, im Vertraue gseit, es schined ja da recht Herre zi, und grad da dä Herr Oberst macht uf mich als alte Militär en ganz guete stramme Idruck, aber es ist da so vil neus, es ischt wahr, Zite sind do ganz anderst, sie sind eim über de Chopf gwachse, am Beste wär, wämmer nüd meh wüssti.*

Häderli: *Sie händ ganz rächt, ganz rächt Herr Oberst, ganz mir usem Herze gredt.*

Der Clubpräsident: *Werte Herren Gäste: In Anbetracht der vorgerückten Stunde muss ich die Vermutung haben, dass Sie die Einzigen sind, die früher zu den Sesshaften und Getreuen der Selnaurunde gehört haben, und die wir heute Abend zu unserer stillen Jubiläumsfeier willkommen heissen, mancher ist zur grossen Armee abgegangen, viele, die wir noch gekannt haben ...*

So sei nun getagt im Sinne des alten Selnaus. Herr Lehrer Häderli, ich gebe Ihnen das Wort. Die ersten Lebensjahre des Selnaus müssen gewiss interessanter gewesen sein, als die von heute.

Häderli: *Mini Herre, es ist nid viel z'brichte, aber mich dunkt's halt doch, wo det na alles grüen Wiese gsi sind links und rechts vo der Freigutstrass und der Brandschenki, womer na hät müesse über de Fröschegrabe und durchs Augustinerpörtli, durchs Rennwegtor i d'Stadt ine, ist mer halt doch im Selnau echli usse a der Stadt gsi, eso echli für sich wiene Uusgmeind, aber hüt dunkts mi, es heb keis Selnau meh. He nu, es wird au si*

Vorzüg ha, ich mag mich na erinnere an alte Stadtrat Schwarz, en rechte und bidere Ma, er häts guet gmeint mit der Stadt und ihre Bürgere, wüssed si, damals hät mer na echli chöne mit dene Herre rede, und mer muess säge mer sind eigetli mit dene Herre Stadträt guet b'schlage gsi, si händ gschafft und alles was recht ist, händ au mit ihre Untergäbene tägli wo mügli es Schöppli gna im alte Landolt, oder i der Sunne im Chratz. Und do händ emel au verschiedeni Herre Chauflüüt, Beamti und au Professioniste, wo im Selnau derheim gsi sind, bischlosse, det i dem chline Uusgmeindli wo früener es Frauechloster gstande ist, e Herregsellschaft z'günde, damit si under enand und mit ihrne Familie neimet derheime seiged und so hät sich dänn das Selnau gründet, und das ist de Kern gsi vo der Gschar, wo hüt, wies schiint, nu na trurigi Rest da sind.

Mini Herre, das ist im Jahr 1863 gsi, und das ist eso ziemli alles was i weiss, und ich bin gspannt z'verneh, was de Herr Präsident über die spötere Ziite vo eusem Verein z'verzelle weiss, die Ziite, won ich nüme erlebt han. Es ist doch e grossi Spanni Zit det vom Fröschegrabe bis zu dene Heiriplane, wo jetzt wie d'Fledermüüs i de Luft ume zwirbled.

Der Präsident: *Ich dankene, Herr Häderli, für ihri werte Ussfüerige. Ich chan erst det aafange mit verzelle, won ich selber Präsident worde bin, churz vor em 50-jährige Jubiläum isch das gsi.*

Der ernste Sänger: *Ja, das isch die Ziit gsi, womer die feine Aläss im Hotel Gotthard gha händ, a de Bahnhofstrass vorne, schad au, dass säb Hotel nüme stat.*

Oberst Imfeld: *Jä, ist säb nümme?*

Der ernste Sänger: *Nei, säb ist abgrisse worde und det stat de Bahnhof vo der Eigleisschüenebahn Berlin–Tödi–Greina–Brindisi, und de Manz vom Gotthard hät defür jetzt das gross Hotel Bellevue det am See usse, er hät s'alt Tonhalleareal überbaue und 's dänn na dran anne ghänkt, jetzt ist's eis Hotel vom Zwinglidenkmal bis übere zum Operehuus.*

Der Clubpräsident: *Churz und guet, chani afange, sinder parat? Dankene mini Herre, die säbe Bäll im Gotthard sind grad na echli s'letscht gsi, dänn isches abe gange. Mer händ na e schöns 50-jährigs Jubiläum gfiiret, uf der Meise, aber dänn ischt der allgemein Stillstand cho, mer hät müesse bidenke, dass eusi Herre au älter worde sind und zum Teil usem Selnau eweg zoge sind, der eint i d'Engi, eine hät z'Oberstrass gwohnt, der ander z'Hottinge und verschidni sind us Altersrücksichte uustrete. Mer sind dänn nu na e paar gsi, de Wassermüller, de Wiimüller, wo d'Wiihandlig Rordorf hät, de Herr Direktor Schreck, wo langi Jahr Präsident gsi ischt, en ganz en verdiente Maa, de Herr Heinrich Fritz Strübi, de Herr Diener, de Herr Bannwart, wo sin Sohn so en überuus gschiide Professor a der Universität ischt, und is au hie und da mit siim Bsuech beehrt, de Herr alt Chilepfleger Leuthold, wo lang mit eus im Vorstand gsesse ischt, de Herr Dr. Guggenheim, de Herr Bezirksarzt Schwarz, euses hochverdient Mitglied, de Herr Staatsanwalt Glättli und dänn nüd vergässe de Herr Major Landolt und de Herr Stadtrat Schneebeli, alles Mitglieder vo Name und Rang, won em Selnauverein e grossi Bedütig gäh händ, und mängs vernünftig Gspräch ischt am runde Tisch ergange, wo mängs hät chönne lehre, und nüd z'vergässe, die Herre händ is dänn Vorträg ghalte, wo leider je länger je meh nümme bsuecht worde sind, wil mit der zuenehmende Vergrösserig vo der Stadt händ die Quartierinteresse nümme die Bedütig gha wie früehner, und so ischt dänn us eme politische Verein meh und meh e Gsellschaft worde, wo die alte Fründschafte zämmeghalte hät und hüt na zämme hät. Euse Zweck ischt, wänn die agstrengt Tagesarbet eim echli uf d'Nerve git, eus emal im Monat z'treffe, um eus selber z'underhalte, jede chann öppis und jede hät am andere Freud. Und eso hät sich dänn der Rest zum ene Club kristallisiert.*

(Stummes Bild, die Gäste mit gesenktem Haupt, die andern in verschiedenen Stellungen.)

Lehrer Häderli: (gerührt mit ergriffener Stimme) *Ich bin da wohl de Ältst under Ihne, und ich muess säge, wämer eso z'rugg lueget i mini Tage, wos alt Züri na eso es patriarchalischs Bürgerlebe zitiget hät, wo mer jede Leh-*

rer, jedes Schulchind kennt hät, wo der Selnauverein sich under wackere Lüüte entfaltet hät, bis zu de grosse Glanzperiode under de Herre Imfeld und Wegmann-Ercolani und wies dur d'Iflüss und d'Entwicklig vo der moderne Grossstadt hät müesse so cho, so stimmts eim fast melancholisch. Und doch wiederum cha mer sich tröste, eis ischt blibe, das Pflänzli Fründschaft lebt hüt na, und das ischt schliesslie uf em Grund vo dem allem gläge. Nebe der politische Tätigkeit im Sinn vo de Quartierinteresse und im Sinn vo eusere guete Vaterstadt und em Heimatkanton, hät das g'hulfe, dass der Name Selnauverein, wänn au nüt me vo dem Selnau eigetli meh stat, in allne e schöni Lebeserinnerig blibt, und ich danke Ihne mini Herre und mit mir gwüss au der Herr Oberst, dass sie das Fähndli i dene Zitläufe, wo d'Welt drunder und drüber gat, ufrecht erhalte händ. Tüend Sie das au zukünftig, blibed Sie rechti alti Selnauer, gueti Bürger, treu zu Stadt und Regierig, dänn chönd mir eusi Auge ruehig zuemache, eusi langjährige Bestrebige für de Selnauverein sind dänn nüd ganz vergebis gsi.
Oberst Imfeld: *Mini Herre, ich finde kei Wort meh, mini Bewegig uszdrucke, es hät e schöns Lied gäh, das händ mir früehner immer gsunge, lönd sie eus das zum Schluss von eusere Tagig singe.*
Der Clubpräsident: *So seigs, nehmed euri Gläser, und stimmed ii . . .*
(Schlussgesang in schöner Gruppe.)

Selnau-Lied
Melodie: "Strömt herbei ihr Völkerschaaren"

Strömt herbei, ihr Selnauschaaren,
Laut zu preisen unsern Bund,
Wer will rechte Lust erfahren,
Komm' zu dieser Tafelrund'.
Unser Bund nur kann sie geben,
Unser Bund fast ganz allein,
:/: Drum Selnauer, Ihr sollt leben
Und sollt laut gepriesen sein. :/:

Jubelnd schallen unsere Lieder
Durch Casino's stolze Pracht,
Trinkt und singt Ihr Zecherbrüder,
Bis das Morgenroth erwacht.
Morgenroth der Katerfeude,
Morgenroth nach schwerer Nacht;
:/: Sorg' und Leid' entschwinden beide,
Wo der Selnaubund getagt. :/:

Zecher auf von Euren Sitzen,
Nehmt das volle Glas zur Hand,
Lasst den Schaum zum Himmel spritzen,
Dreifach Hoch, das Heimatland. –
Dreifach Heil aus voller Seele,
Dreifach Heil zu jeder Stund'!
:/: Und ein Hoch aus voller Kehle
Uns'rer ganzen Tafelrund'! :/:

Seid umschlungen, All' Ihr Zecher,
Drei Mal Heil Euch, nah und fern.
Wo Selnauerfreunde bechern,
Leuchtet Allen stets ein Stern.
Wer dem Sterne sich ergeben,
Der ein herrlich Loos gewinnt –
:/: Alle, Alle sollen leben,
Die Selnauerfreunde sind! :/:

Eislaufvergnügen auf dem Schanzengraben. Rechts das Schanzengrabenschulhaus, im Hintergrund der Botanische Garten. Das Bild stammt vermutlich aus einem Kalender des Jahres 1875.

Die letzten Jahre

Das Theaterstück an der Jubiläumsfeier wurde Wirklichkeit — der Niedergang des Selnauvereins war nicht mehr aufzuhalten. Erhalten geblieben ist uns das letzte Protokollbuch des Vereins. Die Eintragungen werden mit jedem Jahr spärlicher. Von den Problemen des Quartiers ist nur noch am Rande die Rede, die Protokolle befassen sich vorwiegend mit Vorstandswahlen und Vereinsadministration. Gelegentlich kommt auch der Erste Weltkrieg zur Sprache . . .

26. Januar 1916

Heimatschutz Herr Hartmann hält einen Vortrag über Heimatschutz. Er beginnt mit einem Rückblick auf die Taten der alten Eidgenossen und erklärt, in den gegenwärtigen Zeiten sei eine tüchtige Armee der beste Heimatschutz.

Postneubau Unserem Quartier hat das verflossene Jahr endlich das neue Telefon- und Postgebäude gebracht. Wo während vielen Monaten ein wüster Steinhaufen lag, erhebt sich nun ein stolzes, grossstädtisches Gebäude.

25. September 1916

Mitgliederbeitrag Nach Besprechung des diesjährigen Herbstausfluges folgt unter Diversem die Frage des gegenwärtigen Jahresbeitrages. Es wird allgemein befürchtet, dass in den gegenwärtigen Zeiten zu erwarten sei, dass die Belassung des Beitrages bei Fr. 5.– den Austritt mehrerer Mitglieder zur Folge haben würde. Um dies zu verhindern, sei es angezeigt, den Beitrag für Herren auf sfr. 3.– und denjenigen der Damen auf sfr. 3.– zu lassen.

14. Dezember 1916

Kriegsführung Herr Ernst hält einen interessanten Vortrag über die Kriegsführung der alten Schweizer.
Jahresbericht 1916 Auch während des verflossenen Jahres tobte rings um unsere Friedensinsel der furchtbare Krieg, immer neue Opfer an Gut und Blut fordernd.

Dem Quartier Selnau hat das letzte Jahr keine nennenswerten Änderungen gebracht. Wohl ging ein Sturm der Entrüstung durch das Selnauquartier, als das Projekt des Stadtrates bekannt wurde, aus dem alten Bezirksgefängnisgebäude ein Heim für Obdachlose zu schaffen und in das Haus an der Flössergasse das Arbeitsamt zu verlegen. Zum Glück hat dann auch die stadträtliche Kommission sich gegen das *Obdachlosenheim* ausgesprochen. Nun soll aus dem alten Gefängnis ein schmuckes Heim für Jünglinge entstehen. Ein Heim für Jünglinge ist dann letzten Endes doch noch eine angenehmere Nachbarschaft als das alte Gefängnis mit seinen düsteren Mauern und den kleinen vergitterten Fenstern, an deren Anblick sich das Selnau während vieler Jahre hatte gewöhnen müssen. *(Das schmucke Heim für Jünglinge ist längst wieder ausgezogen; das alte Gefängnisgebäude dient heute als – Obdachlosenheim.)*

Das geplante Arbeitsamt an der Flössergasse muss das Selnau wohl oder übel in Kauf nehmen. Es soll nur gehofft werden, dass keine Belästigungen der Anwohner dadurch entstehen.

22. November 1917

Liebestätigkeit Herr Pfarrer Reichen hält einen Vortrag "Bilder aus der Liebestätigkeit im Weltkriege". Der Referent erwähnt einleitend die Samariterdienste der alten Schweizer und geht dann auf die Dienste über, die die heutige Schweiz im Bewusstsein ihrer Pflicht und Dankbarkeit für ihre bevorzugte Stellung im gegenseitigen Völkerringen den kriegführenden Ländern bietet.

23. Dezember 1917

Glas im Altertum Ein Mitglied hält einen Vortrag über das Glas im Altertum und im heutigen Kunstgewerbe.

5. Oktober 1918

Photographiealbum Im Gefolge des kürzlich gefassten Beschlusses zur Beschaffung eines Vereinsphotographiealbums überrascht Herr Heinrich Müller die Versammlung mit dem Geschenk eines prachtvollen ledergebundenen Albums.
Westfront Ein dem Selnauverein nahestehender Offizier hat sich bereit erklärt, uns einen Vortrag über seine Erlebnisse bei seinem Aufenthalt an der Westfront zu halten. Die anwesenden Damen drücken den Wunsch aus, an diesem Vortrag teilnehmen zu dürfen.
Neujahrsfeier Von einer Neujahrsfeier sollte abgesehen werden in Anbetracht der wirtschaftlichen und politischen Verhältnisse, um dafür nach Beendigung des Weltkrieges eine Friedensfeier grösseren Umfanges zu veranstalten. Hermann Fritz befürchtet jedoch eine grössere Zahl von Austritten aus dem Verein, wenn von der traditionellen Neujahrsfeier Abstand genommen wird.

10. Januar 1919

Werte Selnauer! *Die unheimliche Grippe ist am Erlöschen und das Verbot der Vereinsversammlungen von den Behörden aufgehoben worden. Damit* *sind auch wir in die Möglichkeit versetzt, unsere unterbrochene Wintertätigkeit wieder aufzunehmen.*

Eine erfreuliche Kunde ist an das Ohr des Vorstandes gedrungen: Draussen im Muggenbühl wird nächste Woche ein ganz extra feisses Säuli geschlachtet! Mit besonders delikaten Wädli, Füessli, Öhrli, Schinkli etc.! Wer könnte da widerstehen?

Nach der ordentlichen Generalversammlung vom 25. März 1920 brechen die Protokolleintragungen erneut ab. Der nächste Eintrag stammt aus dem Jahre 1932. Während zwölf Jahren wurde kein Protokoll mehr geführt.

30. Januar 1932

Vereinsauflösung Der Präsident führte dann die Gründe an, die den Selnauverein zur Einstellung seiner geselligen Tätigkeit in den letzten Jahren geführt hatten. Ein Interesse am Selnauquartier bestand infolge der Ausreise der alten Selnauer bis auf ganz wenige Mitglieder schon längst nicht mehr. Seit 1920 wurden auch keine Mitgliederbeiträge mehr erhoben. Der Präsident stellt die Frage zur Diskussion, ob der Verein aufgelöst werden soll. Der Quästor gibt nochmals die Gründe an, die für eine Auflösung sprechen. Nach kurzer Diskussion wird durch Befragen jedes Einzelnen der Anwesenden darüber abgestimmt. Mit allen gegen 1 Stimme wird Auflösung beschlossen.

*

Das letzte Protokollbuch, archiviert im Zürcher Stadtarchiv, ist ein dickes Buch. Die Eintragungen des Selnau-Vereins bis zur Vereinsauflösung nehmen nur den ersten Drittel des Buches in Anspruch, die restlichen zwei Drittel sind unbeschriebene Blätter: Noch ist alles offen im Selnau.

Dank

Ich danke allen, die beim Entstehen dieses Buches mitgeholfen haben; insbesondere danke ich *Roman G. Schönauer,* dem Präsidenten des Zürcher Heimatschutzes, für seine einfühlsame Unterstützung, sowie meinem Vater, *Helge Lindt,* für die geduldige Entzifferung der Vereinsprotokolle.

Meinen Nachbarn im Hinterhof möchte ich nachträglich für ihre Geduld danken: Es war einfach zu heiss, um bei geschlossenem Fenster zu tippen.

Dankbar erwähnen muss ich an dieser Stelle auch The Clash, Bruce Springsteen, Bob Dylan, Fleetwood Mac, Pete Townshend, Steve Winwood u.a.m., ohne deren Ermutigung ich dieses Buch wohl kaum geschafft hätte.

*

Im weiteren möchte ich all den Institutionen, Firmen und Einzelpersonen herzlich danken, die durch grosszügige finanzielle Beiträge die Herausgabe dieses Buches ermöglicht haben:

Stadt Zürich
Zürcher Heimatschutz
Winterthur-Versicherungen
Kanton Zürich
Zur Schanzenbrücke AG

Migros Zürich
Zürcher Kantonalbank

Schweiz. Ingenieur- und Architekten-Verein SIA
Felix Landolt
Kreispostdirektion
Truttmann & Co.
FDP Stadt Zürich
Konsumverein Zürich
Sumatra Bau AG

Aus dem Baugeschichtlichen Archiv der Stadt Zürich stammen die Bilder auf den Seiten 13, 15, 26, 27, 30, 36, 39, 42, 63, 64, 70, 97, 98, 99, 100, 101, 102, 103, 104, 109, 114

Das Bild auf Seite 97 ist eine Fotomontage. Es zeigt die Selnaustrasse mit Bahnhof im Jahre 1907/1984.

Quellen:
Stadtarchiv, Zentralbibliothek, Neue Zürcher Zeitung, Tages-Anzeiger, Züri-Woche
Paul Guyer "Die Geschichte der Enge" (Orell Füssli Verlag 1980)

Korrektur zu Seite 100:
Das obere Bild wurde nicht 1983 sondern **1938** aufgenommen.

Inhalt

- 3 Zum Geleit
- 7 Einleitung
- 9 Die Erde
- 10 Das Frauenkloster
- 10 Das Männerheim
- 11 Die Sünde
- 13 Die Reinigung
- 15 Die Verdrängung
- 16 Das Henkershaus
- 17 Der Gemüsegarten
- 18 Die Börse
- 22 Der Friedhof
- 26 Das Quartier
- 27 Das Haus
- 30 Die Herkunft
- 31 Die Zugehörigkeit
- 32 Die Fürsorglichkeit
- 35 Das Schloss
- 36 Die Kindheit
- 38 Die Schuhmacherei
- 39 Der Neubau
- 41 Die Hochhäuser
- 42 Der Abbruch
- 44 Das Kunstwerk
- 46 Der Übermut
- 47 Die Schonzeit
- 47 Der Spätzünder
- 50 Die Wende
- 52 Der Wartsaal
- 56 Die Durchmischung
- 57 Die Neue
- 58 Die Alteingesessenen
- 61 Das Quartierleben
- 63 Die Beiz
- 65 Das Foyer
- 66 Der Hinterhof
- 68 Der Dachgarten
- 69 Die Sommerabende
- 71 Die Geschichten
- 74 Die Juden
- 76 Die Badanstalt
- 77 Der Graben
- 80 Der Weg
- 81 Die Grenze
- 82 Der Ausgleich
- 82 Die Privatsphäre
- 85 Das Naturreservat
- 86 Die Besinnung
- 88 Die Möglichkeiten
- 90 Das Verständnis
- 91 Die Vergangenheit
- 92 Die Zeit

Anhang

- 95 Nachtrag
- 97 Die Selnaustrasse vorher und nachher
- 105 Der Selnau-Verein
- 126 Quellen und Dank

Der Autor

Nicolas Lindt, geb. 1954
Bürger von Küsnacht/ZH, seit 1974 wohnhaft in Zürich. Freier Journalist.
Veröffentlichungen:
"Nur tote Fische schwimmen mit dem Strom", 12 bewegte Portraits aus Zürich (mit einem Portrait des Autors), eco-Verlag 1981
"Die Entlarver". Über kritischen und linken Journalismus, Eigenverlag 1982
Beide Veröffentlichungen sind direkt beim Autor erhältlich.